THE BUSINESS BLOCKCHAIN

商业区块链

开启加密经济新时代

[美] 威廉·穆贾雅（William Mougayar）◎著

林华 等◎译

PROMISE, PRACTICE, AND APPLICATION OF
THE NEXT INTERNET TECHNOLOGY

中信出版集团 · CHINACITICPRESS · 北京

图书在版编目(CIP)数据

商业区块链:开启加密经济新时代/(美)威廉·
穆贾雅著;林华等译.--北京:中信出版社,2016.10 (2018.3重印)
书名原文:The Business Blockchain
ISBN 978-7-5086-6392-0

Ⅰ.①商… Ⅱ.①威… ②林… Ⅲ.①电子商务-电
子支付-研究 Ⅳ.① F713.361.3

中国版本图书馆 CIP 数据核字(2016)第 209923 号

商业区块链:开启加密经济新时代

著　者:(美)威廉·穆贾雅(William Mougayar)
译　者:林华 等
策划推广:中信出版社(China CITIC Press)
出版发行:中信出版集团股份有限公司
　　　　　(北京市朝阳区惠新东街甲 4 号富盛大厦 2 座　邮编　100029)
　　　　　(CITIC Publishing Group)
承 印 者:北京楠萍印刷有限公司

开　本:787mm×1092mm　1/16　　印　张:13.25　　字　数:150 千字
版　次:2016 年 10 月第 1 版　　　印　次:2018 年 3 月第 3 次印刷
京权图字:01-2016-5558　　　　　　广告经营许可证:京朝工商广字第 8087 号
书　号:ISBN 978-7-5086-6392-0
定　价:45.00 元

商业区块链

主　译　林　华

统　稿　涂　红　许余洁

译　者　叶　军　段月姣　郭　彬

　　　　沈　鑫　孙弘博

高坚

区块链，这个当下尤其火热的高科技词汇，在金融圈也掀起了一股风潮。区块链技术在金融服务行业的应用中确实也引起了极大的研究兴趣，如雨后春笋般涌现在美国和欧洲众多初创企业和成熟公司中，相关的研发也获得了巨额投资。一方面，包括纳斯达克、摩根大通、花旗银行、瑞银集团、高盛集团在内的全球金融巨头，都在忙着投资区块链相关的科技公司；另一方面，IBM、微软、英特尔等科技巨头也已经开始落地区块链技术。

区块链是一个公开、透明、可追溯、不可篡改的分布式总账系统，允许参与方以匿名、安全、点对点、实时的方式完成金融交易。区块链能做到这一点，是基于与计算机信息处理技术的结合，通过大规模协作、计算机编码内容、密码学技术，使发生在网络的公共总账上的每一笔交易都不可能被篡改，努力实现从强大的中心化机构信任转变为一个大型的去中心化的分布式全球网络。众所周知，比特币是区块链的第一种运用，但2014年人们才开始关注比特币及电子加密货币背后的区块链技术。

马歇尔在《货币、信用与商业》中说，金融市场首先是运用货币的市场。货币的主要职能分为两大类，首先，货币是当场买卖的交换媒介，只有当货币的一般购买力不发生激烈变动时，货币才能有效地履行其职能；

其次，它是充当价值标准或延期支付的标准，也就是用来表明一般购买力的数量，用它进行支付可以履行长期契约或清偿长期商业债务，此时，交易货币就会涉及信用，货币价值的稳定性成为信用的主要条件。一般认为，在信用发生波动的时候，真正能够作为货币的银行券只有政府认可的"法币"。这里引申出来，只要人们对包括电子货币在内的货币存在投机行为，就意味着需要规范管理，就要认识到监管的重要性。

从大历史上看，交换的市场模式经历了物物交易、货币交易和信用交易三大阶段。更具体地说，人类经济交换经历过五次大的变革，依次为：(1) 商品的标准化和业务的专门化。商人阶层因此出现，同时，生产增强比较优势，交换增强竞争优势。(2) 货币的出现，大大地方便了交易的顺利进行。如果将货币也看作一种标准化、规范化的商品，那么货币促进交易发生、降低交易成本的功能更好理解。(3) 信用的出现。信用有助于降低时间局限性引起的交易成本，解决了时间上错位带来的不确定性和风险问题。(4) 货币的商品化和银行业及货币市场的形成，进一步提升了货币的使用效率。(5) 资本市场的形成。信用和债务能在资本市场中自由交易，信用和债务都实现了商品化和规范化，为更多样化且更广大范围的交易奠定了基础。

具体到中国金融市场的改革方向，我个人始终认为，未来需要建立一个高效率、低成本的资本市场，因为金融市场发展的方向必然是向以资本市场为主的方向发展。金融市场的发展跟实体经济的发展遵循一样的规律，从专业化到降低交易成本。金融市场降低交易成本的方式是，权利义务关系的产品化、规格化和标准化。中国改革成功的标志之一，就是建立一个高效益、低成本、高度流动性的资本市场，发展资本市场不但是资金融通的需要、提供投资基准和投资工具的需要，也是防范金融风险、深化经济体制改革和调结构、加速产业升级的需要，与国有企业改革、银行改革（当初发展债市很大程度上通过直接融资化解了银行风险，以至于有利防范金融风险）及宏观经济管理密切相关。当前与政府、银行和企业关联的债务风险问题，决定了债券市场规范和市场信用建设，是资本市场改革的一个重点领域。

证券市场的健康发展，取决于支撑它的基础设施。当今交易支付形式几乎是完全手动处理，一笔交易支付要很长时间才能完成。很多交易在几秒钟内完成，然而却需要几十天来完成支付，这是一个很大的问题。高盛前全球技术主管汉克·乌贝罗（Hank Uberoi）就曾表示过，"混乱"的全球支付系统已经像磁带一样过时了。欧清股份有限公司 CEO 皮埃尔·弗朗科特（Pierre Francotte）2007 年就曾强调，当前的自动化处理水平已经与国际证券市场日益增长的复杂程度与规模不相匹配。虽然市场不断壮大，但并没有实现真正意义上的标准化，不同投资者之间的业务往来远没有达到其他证券市场直通式处理那样的水平。目前只有国际中央托管机构与其客户之间的处理是直通的，链条中其他环节仍然主要由人工干预。我们需要警惕的是，随着市场的不断成长，这些处理环节会变得更加复杂，这也意味着更高的成本和风险。

21 世纪以来，债券交易的复杂程度不断增长，尤其是合成债券和债券衍生品规模的日益丰富，20 世纪 60 年代欧美建立的传统结算体系早已不再适用，全美证券托管结算公司（DTCC）就是变革的产物，欧洲也希望打造出一个欧版的全美证券托管公司（DTC），还有就是泛欧证券结算平台（T2S）是 2008 年全球金融危机后欧洲金融监管部门决心推进的，试图为欧元区、欧洲其他国家及加入的中央托管机构创建的一个全新的、迄今为止独一无二的结算基础设施模式。但未来它能否为全球其他市场开辟出一片新天地，还是将参与其中的市场与基础设施带进技术的死胡同？没有人能够说得清楚。

当下，建立在区块链技术上的去中心化、分布式账户体系可能会提供更加廉价、更加迅速、更加安全的证券清算和结算服务。区块链是支撑比特币的 IT 技术，这种加密货币曾与被称为"暗网"的犯罪活动协会关联而名声不佳。但就自 2015 年以来，区块链得到了支持，因为它可以绕开让各种资产（包括证券）交易的中介机构（这些机构耗时而且昂贵）。区块链由复杂的加密技术保护，提供全面、分散的所有权记录，在计算机网络中共享。它包含任意时间给定资产的所有交易记录，该项技术可以实现证券交易的近乎实时结算，提高了效率也几乎消除了风险，并且是证券结算不再需要中立、值得信赖但成本高昂的中央基础设施，例如中央托管机构、国际中央托管机构和中央对手方。

当然，区块链的发展目前处于初级阶段，还存在很多问题，至少涉及网络安全性、可扩展性和监管，这些我们都要保持清醒的认识。但我们也都看到，这项技术方兴未艾，为我们提供了一项建设现代交易清算结算基础设施的可能。只要能有效降低支付、清算、结算过程中的出错率，就会成为推动诚信社会建立的有效手段，也可能是未来社会金融与科技相结合的基础设施之一。如果监管部门未来能够有效利用这项技术，或许有助于密切跟踪金融行业的资产状态，以及从宏观上对可能发生的风险进行管理。通过区块链的去中心化模式设计，有助于我们通过技术安排为公众的利益重塑金融业，促进更多主体（节点）的"全民参与"，让金融业为人类社会的良性发展服务。记得罗伯特·希勒（Robert F. Shiller）在《金融与好的社会》中就明确提到过这种思想。他认为，通过创造更多为民众所开发的金融方案，尤其是当前信息与科技高速发展能够提供全民化方案服务的技术支持，也许能降低行动的难度，保证所有人都能更明智地参与金融系统。而我相信，区块链就是符合上述理念的一种技术应用。

上面是我对当前热议的区块链科技的一点感想和认识。推荐大家阅读林华教授翻译的这本小书，它将有助于大家理解和把握互联网时代的金融科技浪潮，为我国金融市场创新发展提供更好的技术基础。

高坚

2016 年 8 月

区块链，这个话题近来已经越来越热。从区块链目前的发展情况看，它确实有可能使得互联网的功能从信息传递转化为价值传递。如果真能顺利地实现这一转化，它对人们经济生活、金融生活乃至社会生活将带来远比当下一般意义上的互联网金融更加巨大的影响和改变。正因为如此，一些国家的政府和金融监管部门都开始投入相当精力来研究区块链问题，都在探索未来金融市场有没有可能完全建立在区块链技术的基础上。全球不少大型金融机构已经提出了不少有关区块链技术的专利申请。国际上的一些银行在 2015 年已经开始形成一个新的技术联盟，这些银行希望能一起编制出一个适用于银行业的开源、通用的"共享账本"，用于今后金融机构间的交易及其资产登记和清算等。在我国，互联网金融协会已专门成立了关于区块链的研究工作组，中央银行也密切关注和高度重视区块链技术的发展。与此同时，区块链技术尽管在金融领域的应用还未真正起步，但区块链概念目前已从金融领域开始向社会生活的其他领域延伸，例如用于慈善捐赠和医疗服务等。市场上不少人正争相投资于涉及区块链概念的相关公司。怎么理解这个原本高冷而当下变得火热异常的词汇呢？

首先，我个人认为，区块链这个当下最为火热的全球互联网金融科技名词，与金融危机之后的信任恐慌不无关联。2008 年以后，欧美经济和金融市场一直没有从国际金融危机中真正地走出来。美国及西方发达国家并没有对本次危机进行真正深入的总结和严谨细致的剖析，8 年以来，我们看到的是以邻为壑、竞相贬值的全球货币战争一直在如火如荼地上演，竟让 20 世纪 30 年代的货币战争都相形见绌。伯南克在"黑莓恐慌"时期疯狂扩张资产负债表，该行为如野火迅速传遍全球：2011 年下半年和 2012 年欧洲央行实施 1.2 万亿美元所谓长期再融资计划的货币印发操作；2012 年年底，日本政府宣布其央行以它认为合适的速度印发货币，推行竞争性货币贬值政策，将货币超发政策推向了一个新的极端。这一次瑞士银行扮演了金丝雀的角色，由于大量资本从欧元流向瑞士法郎，造成后者的汇率暴涨，瑞士央行为抵消破坏性影响，被迫大规模扩张其资产负债表。连瑞士央行都被迫在存款利率上实行负利率政策，这种自毁长城的货币政策行为，无疑昭示了货币战争已经打响，而且开弓没有回头箭。这些愈演愈烈的全球量化宽松政策，让市场对美元为代表的法币失去了信任。简言之，区块链之所以备受关注，从全球来看，起源于金融危机，大家对美国为主的发达国家的货币与金融出现了信任危机，而信任危机可能在金融方面表现为货币，表现为对各种资产的传统金融交易的不信任。恰好，中本聪的重要论文《比特币：一种点对点的电子现金系统》发表在 2008 年，这篇论文被认为奠定了基于区块链技术的加密货币发明的基础。

其次，如本书所总结的，区块链是博弈论、密码学和软件工程三个领域的"杂交"，其中每一个领域都已经单独存在和发展了很长时间，区块链技术是它们明确的交集。怎么理解呢？这个密码学大家清楚，里面用了大量的数学和密码学的东西，密码学是作为数学里面的一个分支，里面有哈希函数、公钥私钥以及数字签名；软件工程大家都知道，区块链离不开互联网和 IT 技术，区块链最初，也始终是一组软件技术，而且，对于开发者而言，最大的吸引力就是软件技术上的创新；博弈论是"对理性决策者之间的冲突和合作进行数学建模的研究"。而由中本聪提出的比特币区块链，正是为了解决所谓的"拜占庭将军问题"难题。在拜占庭将军问题中，由于有少数不忠诚将军的存在，他们有可能成为叛徒，并阻挠一致行动计划的实现。为了确保胜利，必须把不忠诚将军的影响降到最低。这是通过创建一个对投入信息生产的工作进行验证的过程来实现的，同时对访问未篡改信息的要求实行限时以确保其真实性。

最后，我想谈一点大家可能存在的认识误区，大家总以为区块链能够颠覆金融中的一切。比如，很多人就认为区块链技术能够颠覆银行业，对此，我一直持批判态度。银行一直是科学技术在金融运用中的拥抱者。自从 20 世纪 50 年代末，早期的电脑主机产生之时，银行就已经开始依靠信息技术，但是金融科技的概念在 2013 年才流行起来。在银行的运作中，技术也一直扮演着关键的角色，只不过人们不认为银行在互联网上有多少创新。传统意义上，用于银行的信息技术旨在运行后端业务（包括客户的账户和交易），支持分支零售功能，连接自动取款机，处理付款点销售零售网关，在全球范围内与其合作伙伴或跨银行网络互连，并提供各种金融产品，从简单的贷款到复杂的交易工具，应有尽有。本书中也明确提到，区块链不会是银行终结的信号，而且当今的创新一定会比互联网在 1995 ~ 2000 年那时渗透得更快。无论是银行还是其他金融机构，只要不将区块链等技术仅仅视为节约成本的杠杆，很多技术创新就有可能使得它们寻找新的机会，从而得到新的发展机会。

总之，区块链可以为后危机时代全球金融与信用服务提供一些创新可能。我个人始终认为，延缓金融创新和金融改革不会有利于防范金融风险，金融工具和科技手段的减少，并不会有利于实体经济的发展。我们需要的是明确如何合理运用这些技术，在总结历次危机中的问题、教训和经验以后，明确包括监管部门、银行和互联网科技企业在内的各种主体的责任和义务，在保证市场健康、安全、有序并可持续发展的前提下，以竞争促进效率。我推荐林华教授翻译的这本《商业区块链》，书中有对区块链未来商业模式与技术应用的各种展望，书中也提醒了过快地炒作区块链概念有害无益。所以哪怕是推进信息技术的应用和落地，我们也不能急功近利。无论如何，开卷有益，希望林华组织团队翻译的相关书籍，能够有助于我们加强对包含区块链在内的金融科技的认识，促进金融与科技有效融合。

庞阳

2016 年 8 月

区块链对世界经济的影响是什么？谁将是区块链里的亚马逊、谷歌和脸书？比特币、区块链、加密货币、分布式账户应用、加密协议与平台的未来会是怎样？想了解和探讨这些问题，不妨读读放在读者面前的这本书。书中明确指出，我们需要通过历史来展望未来，加密技术的发展方式可能与互联网曾经的发展方式类似。从历史视角看，在过去的 20 年中，互联网在四个维度上产生了较大影响：新兴互联网企业出现，并引领了新的用户行为；现存机构和政府在其运营过程中接纳了互联网；一些行业受到了互联网的威胁，被迫转型；得益于开源技术，网页程序开发成为软件开发的主流，大家共同维护、共同开发。

这本旨在探讨区块链技术的各种可能应用的小书，不仅仅限于书中标题所显示的商业领域，作者认为区块链还可以用于解决经济、实业、政府与社会等更加广阔的领域，医疗、供应链、物联网、安全认证、能源交易、电动汽车与充电站、社交以及人工智能等领域都有它的身影。在作者看来，区块链将会积极挑战现状，与互联网经济类似，它最终会形成一种新型的加密经济。

这是我组织团队翻译的第二本区块链作品（第一本是《区块链：技术

驱动金融——数字货币与智能合约技术》，8 月初已由中信出版社出版），在翻译经典著作的"干中学"过程中，结合我自身对金融业务与信息技术的理解，我谈一点自己的心得体会——区块链最好的应用是证券化。

资产证券化我研究了很多，有幸在中信出版社出版了一系列资产证券化书籍，区块链科技现在运用得最多的领域在什么地方呢？众所周知的是，数字货币和比特币。另外一个是代币，把资产变成货币、代币化，代币化就是一种证券化。你看资产证券化，发起人需要首先将资产装到一个特殊目的载体（SPV）里面去，然后再份额化、拆分，一份一份地给投资者进行交易。区块链在这三步中可以有很大的作为，怎么装到 SPV，怎么拆分这个资产，怎么给它份额化做成交易？这三个步骤需要区块链整个技术组合的某个成分。区块链是个账本，账本如果不能跟实体资产产生一一对应关系，账本就是没有价值的。第一步是怎么通过区块链技术把资产映射（Mapping）到账本上，实现第二步的份额化和拆分。最后，对应于智能合约，你要在其中加一些代码和货币，区块链里面就是可编程的货币、可编程的资产，一份一份地给投资者进行交易，即完成第三步的交易。每一个步骤都需要区块链整个技术组合的某个成分，简言之，通过区块链将资产映射到账本，账本要分拆，拆完之后实现智能化合约交易。所以，我觉得区块链最好的一个应用就是证券化，而交易所可能是最好的映射场景。

在此，我首先要感谢国家开发银行原副行长高坚先生和中国资产证券化分析网 CEO、首席架构师庞阳先生不辞辛苦，亲自提笔为本书作推荐序。感谢金融时报社社长邢早忠先生、山西金控董事长孙海潮先生、阿里巴巴集团副总裁高红冰先生、南开大学金融学院副院长刘澜飙先生、联合信用评级公司总经理张志军先生为本书撰写推荐词，感谢您们的鼓励和支持。

　　我要感谢参与本书翻译的每一位译者。南开大学金融学院讲师叶军翻译了原版引言、第 1 章和后记，天津银行博士后段月姣翻译了第 2 章，天津大学金融学博士郭彬翻译了第 3 章和第 4 章，南开大学金融学博士沈鑫翻译了第 5 章和第 7 章，南开大学计算机与控制工程学院硕士孙弘博翻译了第 6 章。全书由我和涂红统稿，许余洁在整体校稿的基础上，多次与出版社老师们对接书稿的最后内容以进一步完善。

　　最后，我还要感谢中信出版社编辑的精心编校，没有大家精益求精的团队努力与合作，这本书的中文版本不可能如此顺利与读者见面。我们衷心地祝愿本书的引进，能够激发和引导大家进一步重新思考信用、财富和信息科技等互联网大时代的重要内容。

林华

2016 年 8 月底于北京

献给我的父母

他们一直在我身边

致莫琳（Maureen）

有她，一切才有可能

以及我们的小狗帕夏（Pasha）

勇敢的卷毛比熊犬

你一直在我心中

原版序　*25*

原版前言　*31*

原版引言　*35*

第 1 章　**什么是区块链**　1

中本聪的论文　4

互联网的前因后事　6

一个或几个区块链？　7

区块链应用的介绍　8

区块链的强叙事性　10

元技术　11

软件、博弈论和密码学　12

数据库 vs 账本　13

回顾过去，才能展望未来　15

解读区块链　17

状态迁移和状态机——它们是什么？　24

一致性算法　25

第 2 章　区块链式信用是如何渗透的　29

一种新的信用层面　32

去中心化的信用——是什么意思？　34

Airbnb 是如何为陌生人之间设计信任的　36

基于证明的信用服务范围　37

区块链格局　38

直接和间接的利益　39

对基础功能的解释说明　41

一个被信任的区块链能实现什么？　46

身份所有权及表述　48

分布式数据安全　52

匿名和难以追踪的通信　54

作为云的区块链　55

数以百万计的区块链　58

第 3 章　困难、挑战和心理障碍　61

影响区块链的框架方法　65

技术挑战　67

商业/市场挑战　74

法律/监管障碍　77

行为/教育挑战　80

第4章 **金融服务中的区块链** 85

互联网与金融科技的冲击 88

为什么不能有一个全球性银行？ 91

银行作为后端 94

区块链内部监管与免批准创新 96

区块链公司在金融服务业中的情况 98

金融服务业中的区块链应用 99

金融服务的战略问题 102

第5章 **新型中介和云服务行业** 107

新型中介 110

云服务行业 115

第6章 **区块链技术的实现** 121

应对区块链技术的内部策略 124

区块链沙皇 125

组织模型 127

区块链的功能架构 128

内核与协议 129

区块链软件技术的发展 131

链内服务 132

最终用户视图 132

链外服务 133

其他区块链所需特性 133

去中心化的应用程序的编写 133

区块链平台的 12 种属性 135

给首席信息官和企业高管的 13 条策略建议 135

决策框架 140

第 7 章 **未来之路：去中心化** 145

去中心化的互联网将会如何？ 148

去中心化并非易事 150

去中心化的形式 151

加密经济 152

全新价值链 155

技术渗透 156

展望 2025 157

后记 163

延伸阅读 165

致谢 167

近 10 年对去中心化科技的发展而言，是非常有趣的。过去的 30 多年里，尽管密码学家、数学家和程序员致力于发展越来越专业和高级的协议，试图从不同的系统中——从电子现金到投票再到文件传输——得到更强的隐私和验证保证，但进展依然是比较慢的。区块链的发明——或者更一般地说，中本聪于 2009 年发明的公共经济共识——被证明是拼图中遗失的最后一块。它独立带领这个行业，开始了接下来的大幅向前跨越发展。

外部政治环境也恰逢其时。2008 年的金融危机，导致对主流金融的不信任，无论是企业还是担当监管者的政府，这进一步刺激了对其他选择的需求。2013 年爱德华·斯诺登（Edward Snowden）事件，揭示了美国政府在人们一度认为是隐私的领域里非常活跃，从而起到了锦上添花的作用。尽管区块链技术结果并没有被广泛采纳，但是从很大程度上来说，其内在的去中心化思想已经被主流所接受。

从苹果手机到 WhatsApp，各种应用都开始使用密码技术，其功能之强甚至连开发软件和维护服务器的公司自己都无法破解。对那些更愿意把企业而不是政府视为恶魔的人来说，"共享经济 1.0" 出现后，已经越来越被证明它无法兑现自己的承诺了。顽固而又垄断的中介不但没有被去除，像优步（Uber）这样的巨人反而简单地用自身来取代中间人，而且往往并不一定做得更好。

区块链，以及一系列我称之为"加密 2.0"（crypto 2.0）的科技，提供了一个吸引人的方案。与其寄希望于我们打交道的对方能够诚实，不如建立一个能够内生包括我们想要的东西的技术系统。这样即使里面的参与者是腐败的，系统本身也能保持正常运作，得到我们想要的效果。

在加密 2.0 里，所有的交易都带有密码证据的审计跟踪。使用去中心化的点对点网络，可以减少我们对单一服务器的依赖；密码公钥带来了可移动的用户控制下的身份认证概念。更加先进的数学工具，包括环签名、动态加密和零知识验证，保证了用户的隐私权。用户可以放心地将数据公开存储，使得数据的部分特征能够被验证，甚至用于计算，同时并不泄露任何个人细节。

最使区块链技术早期拥护者惊奇的，是在过去的两年里，大量的企业和机构纷纷快速接受了区块链。从 2011 年到 2013 年，区块链——或者现实一点说，仅仅是比特币——还仅仅是密码分析者们在理想化地鼓吹"与霸权斗争"。到现在 2016 年，重大的消息都是诸如 IBM 或者微软的协作、英格兰银行的研究报告，或者某个银行联盟又宣布有新成员加入。

究竟发生了什么？我认为，部分在于，密码学家低估了大企业和银行的灵活性、技术进步的渴望性，甚至它们的理想化性。我们常常忘记了，大企业也是由人构成的，而且大企业里的人和我们在聚会上碰到的普通人一样，也有相似的价值观和忧虑。尽管看上去，我们的"信用机器"——

《经济学人》杂志对区块链的称谓——不过是对中心化信用锚的取代，无论是在金融界还是其他领域，都依赖于现实生活中的声誉和监管，但是现实其实远比这复杂。实际上，机构之间并不是完全互相信赖的，而且某一行业中处于中心化的机构，也和普通人一样，对其他行业的中心化心存疑惑。对生产和销售电力的能源公司来说，在去中心化市场销售和中心化市场销售是一样的，它们甚至会更偏爱前者。

进一步来看，许多行业其实已经去中心化了，虽然行业外的人某种程度上并没有理解。但是这种去中心化是低效的，它需要每个企业依然维持它的用于客户管理、交易和数据存储的基础设施，还要调解和其他企业打交道时的系统冲突。围绕市场领导者的合并，实际上会使得该行业更有效率。但是无论是行业内的竞争者，还是反垄断的监管者，都不愿意接受这个结论，因此必然会陷入僵局。直到现在，去中心化数据库的出现，意味着从技术上能够复制单一垄断所带来的网络效应收益，因此每个人都可以从自己的利益出发联合起来，同时不需要真正创建一个垄断体，从而避免了垄断所带来的所有负面效应。

这就能解释在金融领域对联合链、在供应链行业对区块链应用以及基于区块链的身份认证系统的兴趣，它们都使用去中心化的数据库来享受共处一个平台的好处，同时由于不用确定谁能控制平台，也就不存在控制者滥用垄断地位的问题。

自 2009 年 1 月中本聪创造比特币后，4 年来人们主要关注比特币作为货币所具有的支付和价值存储功能。2013 年，人们的注意力开始转向"区块链 2.0"应用：把支撑比特币的去中心化和安全性的根本技术移植到其他应用上，从域名注册到金融合约再到众筹，甚至包括游戏。在我自己的平台以太坊（Ethereum）系统，核心就是把嵌入协议底层的图灵完备编程语言作为终极的抽象的基础层，使得开发者能够利用区块链的核心特征，围绕任何商业逻辑或者目的去开发应用。同时，像星际文件系统（Inter Planetary File System，简称 IPFS）这样的去中心化存储平台开始涌现，密码学家们也掌握了可以和区块链技术结合使用的新工具来增加隐秘性，特别像零知识简洁非交互式参数（Zero-knowledge Succinct Non–Interactive ARgument Knowledge，简称 zk-SNARK）。图灵完备式的区块链计算和使用相似密码技术的非区块链的去中心化网络的组合，加上区块链和高级密码学的结合，是我起"加密 2.0"这个名称的原因。这个名称听上去也许有些过于雄心勃勃，但我认为它捕捉到了最广泛意义上的精髓。

那什么是加密 3.0 呢？部分会是加密 2.0 中某些趋势的延续，特别是能同时提供计算抽象和隐私的广义协议。但同等重要的，是目前区块链范畴中心知肚明却避而不谈的——可延展性。目前，现有的区块链协议都有一个特性，就是网络中的所有计算机都必须处理所有交易。这个特性一方面提供了高容错度和安全性，另一方面也付出了网络的总体处理能力受限于单个节点的处理能力的代价。

至少在我看来，加密 3.0 应该包含能够克服这种限制的方法，从而真正达到足以支撑主流的大范围应用的规模［精通技术的读者也许已经听说过"闪电网络"、"状态通道"以及"分片"（sharding）］。

另外，还有采用的问题。除了货币意义上的使用，在 2015 年虽然有很多人谈论加密 2.0，开发者也释放了基础平台，但仍缺乏实际意义上的应用。2016 年开始，我们可以看到无论是新兴公司还是机构玩家，已经开始开发原型解决方案。当然，其中绝大部分都将走到死胡同，最终毫无下落。这在任何行业都是不可避免的。众所周知，90% 的新公司都会倒闭，但是成功的那 10% 很有可能在将来某一天能够把规模扩大到其产品能够触及数百万人——这时候真正的乐趣就开始了。

　　也许《商业区块链》这本书，能够激励你去了解，或者加入对商业区块链的改进中。

维塔利克·布特林（Vitalik Buterin）

以太坊创始人

2016 年 4 月

在很多事情上我并不是一个幸运的家伙，但是我和维塔利克·布特林的相遇的确是非常幸运的。维塔利克·布特林是以太坊的主要发明者，而且他和我住在同一个城市——多伦多。

在 2014 年 1 月一个冷的夜晚，维塔利克出现在位于士巴丹拿道（Spa-dina Avenue）上一所狭窄建筑里的楼梯上，当时距 Anthony Di lorio① 组织的一系列多伦多比特币每周聚会之一开始还有一个小时。我和维塔利克有了第一次交谈，试图从他那里理解对我来说，"超越比特币"的一些概念。早在 6 个月之前，我就试图理解比特币，而以太坊对我来说当时是陌生的。

在我们开始谈话之后，人们陆陆续续进入房间，准备即将开始的聚会。大家都在议论纷纷，因为维塔利克刚刚发表了他的白皮书，在白皮书里他宣称发明了一种新的区块链平台，这个平台比比特币更好，注定将成为下一个重要的事物。

被好奇心激发的我，向维塔利克抛出了许多关于以太坊及其结构的问题。我对他的发明印象深刻，但我更对如何应用这一发明感兴趣。维塔利克并没有给我所有的答案，但他浑身散发出积极（虽然当时看来有些幼

---

① Anthony Di lorio，加拿大比特币联盟执行董事兼以太坊的联合创始人。——译者注

稚）的决心和乐观，认为将来无疑会更好。我感觉到，不仅仅出于技术本身，它还有更深远的意义。它涵盖了社会、政府、企业，以及新旧信念，它和我们所有人有关。对我们这个世界而言，这种技术里蕴含了一种人为的因素，能够给我们提供一种更加公正的解决方案。

两周后，我几乎是强迫维塔利克坐下来和我详细描述，以太坊是如何在一个部署框架下组织和运作的。我自己画了一个草图并展示给他看。他只看了三秒钟，就激动地打开电脑，发疯般地开始画草图，那是第一个包含以太坊在内的基于区块链的建筑结构。这个版本的草图后来经过演变，出现在维塔利克的博客文章里，名为"On Silos"①。

在此几个月后，直至今天，我和维塔利克都互为良师益友。他教了我很多区块链的知识，而我则投桃报李在商业应用和发展以太坊方面给了他建议。我也许永远无法一夜之间理解维塔利克的区块链之梦，哪怕是一小部分，但有一点我很确定，那就是维塔利克·布特林就像他的很多技术前辈一样，在继续领导以太坊核心科技以及以太坊基金会的同时，已经具有洞察力的商业头脑。

我继续写了50多篇关于比特币、区块链和以太坊的博客，沉浸在那些处在区块链及其应用的前沿人物中，包括发明者、先锋者、领导者、创业者以及企业家和实业家。

本书的大部分内容，都是基于我在技术行业34年的经验上得出的历史观点。在惠普的14年，是我思想形成的第一阶段，其后的10年（1995～2005年），是我作为互联网时代的独立咨询师、作家和有影响人物的第二阶段。在1996年，我写了第一本关于互联网商业战略的书——《开放的数字

---

① "On Siols," https：//bolg. ethereum. org/2014/12/31/silos/.

市场》（*Opening Digital Markets*），从而使我能够和应用互联网的大小企业合作，深入广泛地分析互联网对商业的重要性。我在 2005 年从安本集团（Aberdeen Group）学会了成为一个职业分析师，随后又在高知特资讯技术公司（Cognizant Technology Solutions）工作了 3 年，接触到了真正意义上的无国界组织结构，以及如何充分利用它进行全球套利。自 2008 年后的 5 年内，作为两家大获成功的创业企业（Eqentia 和 Engagio）的创始人，我研究了新兴企业，从失败和成功中都学习到了很多东西。

我对区块链的点对点（P2P）技术的热情并不是偶然的。早在 2001 年，我就顺应了第一波点对点科技的浪潮，创建了 PeerIntelligence.com 网站。当时，点对点主要用于文件共享，我也获得了这种新技术强大作用的第一手印象。遗憾的是，随着 Napster 软件被相关法律扼杀，点对点的首次尝试胎死腹中。反过来，比特流（BitTorrent）协议勇敢地被保留了下来。

这些经历，不仅有助于我建立对区块链的想法，对本书的准备工作也影响巨大。

当我在 2013 年接触到比特币和区块链的世界时，我找到了 1995 年一些人认识到互联网的变革性作用时的激动，也包括 2001 年对点对点技术同样的想法。幸运的是，比特币区块链的出现，在 2009 年给 P2P 打了一针强心剂。

开始接触区块链的时候，我不禁想起了安迪·葛洛夫（Andy Grove）①1996 年的书《只有偏执狂才能生存》。在书中，他写道："风起了，接着台风来袭。每个企业都会面临风浪，但是 10 倍速力量（10X force）是能

———————
① 安迪·葛洛夫，英特尔公司前 CEO（首席执行官），是一位匈牙利出生的犹太裔美国著名企业家、工程师。——译者注

够改变企业基本要素的变化。" 当然，安迪当时指的是互联网能够彻底改变一个行业。而今天，区块链已经成为那个改变许多行业的 10 倍速力量，而且它的旅程刚刚开始。

不得不承认，在了解区块链的方方面面的过程中，我经受了很多折磨。许多聪明的远见卓识者，只关注技术，而忽略了对商业应用的简明解释。在我早期对区块链的解读中，我需要进行很多艰难的阅读才能把事实串联起来。这种痛苦的遭遇，也是写作本书的一个动力。我希望其他人能够更容易理解区块链和它的影响。

区块链是互联网历史的一部分。它的重要性，等同于万维网对互联网。也许区块链能把互联网带回它的本质：更加去中心化，更加开放，更加安全，更加隐私，更加平等，以及更加易于进入。具有讽刺意味的是，许多区块链应用也在尝试取代传统的网络应用，正如它们终将取代那些不愿意放弃中心化的强力信用执行功能的传统行业一样。

无论以什么样的方式呈现，在你阅读完这本书以后，区块链的历史将继续前行，就像互联网的演变一样。但有一点会让区块链的将来更加有趣：你是区块链未来的一部分。

写作本书对我来说是一件令人振奋的事情，我希望我的读者们也能发现《商业区块链》这本书是大有裨益的。

威廉·穆贾雅

加拿大多伦多

wmougayar@ gamil. com

2016 年 3 月

即使区块链还没有让你震惊，我保证迟早它将会改变你。

自互联网以后，我还没见到任何东西能像区块链一样，紧紧抓住了人们的想象力，一开始是一小部分人，然后迅速扩散到众人。

欢迎来到区块链的新世界。

本质上，区块链是一种永久保存交易记录的科技，而且交易记录无法被删除，只能序贯更新，从而创建了一条永无止境的历史踪迹。这个看上去简单的功能性描述，却有着意义深远的含义。它引导我们对创建交易、存储数据和移动资产的传统方式进行重新思考，而这一切仅仅刚刚开始。

区块链不能仅仅被形容为一种变革。它是一种演变进行中的现象，就像海啸一样，慢慢积累发展，然后通过行进过程中积累起来的巨大力量，吞食沿途的一切事物。简单来说，区块链是置于互联网之上的第二个重要的层级，就像 1990 年万维网是其第一个层级一样。这个新的层级，主要是关于信用的，因此我们可以称之为"信用层"。

区块链对我们生活中的各种变化而言，诸如政府、生活方式、传统企业模型、社会和全球机构等，都是强力的催化剂。正因为它代表了如此剧烈的变化，区块链的渗透也注定不会是毫无阻力的。

区块链颠覆了数十年甚至数个世纪以来禁锢于我们脑中的传统思维。政府权威和交易执行的中心化控制方式都受到了挑战。比如，如果区块链能够自动用一种无可辩驳的方式明确产权，那还有必要为产权保险支付保费吗？

区块链从传统的中心化机构（如银行、政策制定者、清算所、政府、大企业）手中释放了信用，并且指引信用越过了这些控制点。比如，区块链可以取代清算所完成第三方确认。

与此相类似的是，在 16 世纪，通过禁止能够解释如何复制他们工作的知识的传播，某些手工行业维持了垄断地位。这种中世纪的保护是通过和天主教堂以及欧洲各国政府合谋而完成的，这些机构通过发行执照来监督和控制印刷。这种中央控制和垄断并没有维持太久，很快就随着印刷的爆发性增长带来的知识的自由流动而烟消云散了。印刷知识内容是一件非法的事情，这在今天是不可想象的。传统的中心化信用的持有者就是今天的中世纪式守卫，我们可以质问他们，如果区块链科技表现得和他们一样甚至更好，为什么他们还要紧紧抓着信用不放。

正如中世纪的机构不得不放弃对印刷的控制一样，信用功能也被区块链从外部现存的界限中解放了出来。

如果仅仅把区块链理解为分布式账簿，未免有些片面，因为那只是区块链的一个侧面。就像仅仅把互联网形容为一个网络，或者仅仅是个出版平台。这些只是必要而不是充分的条件或者特性——区块链是个超越它们总和的整体。

区块链的拥护者认为，信用应该是免费的，不应该被征税，也不应该被用各种方式（比如费用、准入权或者许可）加以控制。他们相信，通过能够实施的科技的辅助，信用是可以而且应该成为点对点关系的一部分。

信用可以被编码，并且表达为真或者伪，这是通过强力加密巩固过的数学上的确定性来实现的。从根源上来说，信用就是密码证据，由可信任的计算机（诚实节点）所组成的网络来提供安全性，这和那些提供信用同时又带来管理费用以及繁文缛节的单个个体形成鲜明对比。

如果区块链能够不通过信用中介而实现可信的交易，那么很快我们就要获得无中介信用。那些负责监管信用机构比如银行的政策制定者，将面临一个两难。你怎么能监管一个正在消失的东西呢？政策制定者也必须更新其监管策略。

由中介控制的信用，必然伴随着某种摩擦，但是现在，区块链可以提供无摩擦的信用。因此，如果信用是"免费"的（即使你依然需要去挣得信用），下一步会发生什么？显然，信用会沿着阻力最小的路径移动，逐渐向网络的边际流动，更加去中心化。

区块链也可以允许资产和价值的交换，提供了一种摒弃无必要中介的新的快速移动各种价值的手段。

作为一种后台的基础设施，区块链可以比喻成不停顿的终极计算机。一旦启动，它们就提供了无穷尽的弹性，从而永不关机。银行系统可能会崩溃，云服务也可能会崩溃，只有我们极具诚意的区块链会一直工作下去。

互联网的出现，取代了一部分中介。区块链也再一次取代另外一部分中介。但它同时也在创建新的中介，就像互联网曾经做过的一样。目前的中介机构，必须思考它们的角色会受到什么影响，同时其他中介正在谋求从对任何事情的"去中心化"的过程中分得一杯羹。

全世界都在忙着对区块链的将来进行分解、分析和预测；无论是技术人员还是企业家，都在揣测区块链到底是维生素还是毒药。

现在，我们都在说区块链能做这个或者那个，但是以后区块链将变得更加不可见；我们将更多讨论它们能做什么。就像互联网或者万维网又或者数据库，区块链将引入一种全新的语言。

随着 IT 行业的演变，从 20 世纪 50 年代中期以来，我们已经习惯于新的语言的产生：大型主机、数据库、网络、服务器、软件、操作系统，以及编程语言。互联网在 90 年代早期又引入了新的词汇：浏览、网站、Java、博客、TCP/IP、SMTP、HTTP、URL，以及 HTML。如今，区块链又一次带来了新的剧目：共识算法、智能合约、分布式账簿、预测机、电子钱包，还有交易区块。

一点点地，我们将构筑自己关于区块链的知识链，更好地学习和理解区块链，以及它能改变什么，这些改变意味着什么。

现在的我们，通过谷歌来搜索诸如信息或者产品的任何东西。

将来，我们可以用类似的方式来确认记录、身份、真实性、权利、工作量、称谓、合约，以及其他宝贵的和资产相关的处理过程。将来任何东西都会有数字化的所有权证明。正如我们无法双重使用电子货币（这要感谢中本聪的发明）一样，我们同样无法双重复制或者伪造正式的证明，只要它们在区块链上得到确认。这是信息革命所遗失的一块拼图，而区块链弥补了这个漏洞。

当 1994 年联邦快递（FedEx）首次引入能够通过互联网追踪包裹功能的时候，它带给我的那份初始的激动，我始终记忆犹新。如今，我们已经把这种服务视为理所当然，但其实它标志着一个分水岭，展示了早期互联网能做什么。一个以前非常私人化的服务，能够开放给任何拥有网络入口的人，这就是它内在传达的信息。一大批服务随之出现：网上银行、网上纳税、产品购买、股票交易、记录检查等。当我们进入需要对公开数据库进行检索的服务的时候，我们实际上在搜索一种全新的服务，该服务将通过检查区块链以确认信息的真实性。信息访问并不足够。我们也会需要对事实的获取，以及检查是否对某个特定记录做了修改，这是对信息拥有者要求最大的透明度。区块链挺身而出，提供了最原始形式的透明度。

那句古老的格言"这是否在数据库里"，将会被"这是否在区块链上"所取代。

区块链比互联网更复杂吗？肯定是的。

请允许我，带你开始这段解谜区块链的旅程。

第1章

什么是区块链

THE BUSINESS
BLOCKCHAIN
Promise, Practice, and Application of
the Next Internet Technology

不解释就弄不懂的事，意味着怎样解释也弄不懂。

——村上春树

请注意，本章也许是全书最重要的一章，因为它将为你提供关于区块链的基础解释。本书想要给你提供一个区块链潜力的整体观念，而本章就是关键的第一阶段。

理解区块链并不容易。在你能赞赏它的潜力之前，你必须了解它。除了技术上的功能，区块链还有更深层次比如哲学、文化甚至思想上的基础，而这一切需要你来理解。

区块链并不是打开即用的，除非你是软件工程师。区块链的重要性，在于能够让你使用的其他产品变为可能，哪怕你可能根本就不知道区块链在背后的支撑作用，就像你在上网的时候，不了解上网本身的复杂性。

一旦你开始尝试自己设想区块链的各种可能性，同时又没有持续地真正理解它，那么你还没有能够成熟地利用区块链。

就我而言，我认为理解区块链背后的知识，要比理解它的应用更简单。就像学开车一样，我能教你开车，但并不能预言你会把车开到哪里去。只有在你了解区块链能做什么，并且结合你自己所处的行业或者环境，你才能知道区块链能给你带来什么。当然，起步之前，我们会一起通过路考和车道测试，来为你提供正式上路前必要的知识。

中本聪的论文

当蒂姆·伯纳斯·李（Tim Berners-Lee，万维网发明者）在 1990 年创建了第一个万维网（World Wide Web）网页的时候，他写道："一旦我们通过万维网连接信息，我们就可以通过它来发现事实、创立想法、买卖物品，以及创建新的关系，而这一切都是通过在过往时代不可想象的速度和规模来实现的。"

伯纳斯·李在他简短的声明中，还同时预言了搜索、出版、电子商务、电子邮件和社交媒体。能和这种先见之明相提并论的，就是中本聪（Satoshi Nakamoto）2008 年发表的论文《比特币：一种点对点的电子现金系统》[1]，这篇论文被认为奠定了基于区块链技术的加密货币发明的基础。

这篇论文的摘要部分，描述了比特币的基础，并且解释了它的首要原则：

- 一个纯粹的**点对点**电子现金系统，应该使得在线支付能够**直接由一方发起并支付给另外一方**，中间不需要通过任何金融机构。
- **不需要授信的第三方**支持就能防止双重支付。
- **点对点的网络环境**是**解决**双重支付的一种**方案**。

---

① Bitcoin：A Peer-to-Peer Electronic Cash System，https：//bitcoin. org/en/bitcoin-paper.

- 对全部交易加上**时间戳**（timestamaps），将它们合并入一个不断延展的基于哈希算法（hashing）的工作量证明（Proof-of-Work，简称POW）的链条并作为交易记录。**除非重新完成全部的工作量证明，形成的交易记录将不可更改。**

- 最长的链条不仅将作为被观察到的事件序列的证明，而且被看作是来自 CPU 计算能力最大的池。只要**大多数 CPU 的计算能力不是被合作攻击的节点所控制**，那么将会生成最长的、超过攻击者的链条。

- 这个系统本身需要的基础设施非常少。信息尽最大努力在全网传播即可，**节点可以随时离开和重新加入网络，并将最长的工作量证明作为在该节点离线期间发生的交易的证明。**

如果你是一位非技术专业读者，那么上面的黑体字部分，已经能够让你掌握区块链的要点了。请再次阅读以上观点，直到你从内心承认中本聪的逻辑顺序。我是说真的。你需要相信并且接受，无须中心化的干预或者牵线，只要让网络扮演信用中介的角色，就能实现有效的点对点交易。

重新解读一下中本聪的论文，我们可以得到如下观点：

- 点对点电子交易。
- 不需要金融机构。
- 加密证据而不是中心化的信用。
- 信用存在于网络，而不是某个中心机构。

可以看出，区块链是隐藏在比特币身后的技术创新，并使得比特币成为可能。在熟悉了中本聪的简要介绍后，让我们再深入了解区块链 3 个不同但互补的定义：技术角度、商业上的，以及法律意义上的。

从技术角度看，区块链是一个后台数据库，维护着一个可以公开检视的分布式账簿。

从商业上来说，区块链是一个交易网络，能够在不需要中介的情况下，在个人之间实现交易、价值和资产的转移。

在法律意义上，区块链取代了传统的信用实体，能够确认交易。

技术：公开的分布式账簿的后台数据。

商业：个体之间价值转移的交易网络。

法律：不需要中介的交易验证系统。

区块链的能力 = 技术 + 商业 + 法律。

互联网的前因后事

过去并不总是将来的精确指南，然而了解我们从哪里来，有助于我们更好地预言我们将到哪里去。区块链就是以互联网为代表的网络技术发展历史的一部分。它们已经深入我们的世界，无论是商业、社会，还是政府。互联网的发展，也经历了很多只有事后才得以辨认的跌宕起伏和周期阶段。

万维网的出现，标志着 1983 年互联网开始后的分水岭式的革命性时刻。正是因为万维网，才使得全世界各地的人，只要能够上网，就可以公开、即刻利用信息，以及基于信息的相应服务。

正如现在全球数十亿人连接在互联网上一样，数百万，将来也会有数亿人，和区块链相连接。区块链的传播速度如果超过历史上互联网用户的增长速度，其实也不奇怪。

截至 2016 年年中，全球 74 亿人口中的 47% 能够上网。这个数字在 1995 年仅仅不到 1%。直到 2005 年，互联网用户才突破 10 亿。形成鲜明对比的是，移动电话用户的增长可以用疾驰来形容：2002 年用户数就超越了固定电话用户数，2013 年更是超过了全球人口数。至于网站总数，2016 年稳定在 10 亿左右。很有可能的是，区块链将发展出多种易于配置的形式，就像在 Wordpress 或者 Squarespace 上发布网站一样。

相比于互联网的发展轨迹，区块链的优势在于，它的起点被 4 个因素提高了：互联网用户、移动手机用户、网站拥有者，以及任何能够从相互连接中得益并且"智能化"的东西。这意味着区块链不需要寻找新的用户，只要充分利用以上四类用户就足够了。

一个或几个区块链?

区块链没有过去的范例可循。它并不是 TCP/IP——互联网网络协议——的新版本，它也不是一个全新的互联网。在 2015 年，一些单一比特币区块链的拥护者哀叹几种区块链并存的现实。就像互联网一样，区块链被置于单一功能的视角下（比特币大一统主义①）。的确，只有一个互联网是件好事，因为以后不会有如此大规模传播了，但区块链是另外一回事。区块链更像是建立在网络上的新的协议，就如同万维网通过自身的技术标准，屹立于互联网的顶层一样。

---

① 比特币大一统主义（Bitcoin maximalism），是认为我们只需要一个单一的区块链和单一货币，以便达到网络效应。其他区块链或者加密货币在这一目标下是可以牺牲掉的。

区块链整体可以看作部分是数据库，部分是开发平台，部分是网络实现。因此，我们需要它的多种形式和变化。叠加在互联网顶层的区块链技术，在具体应用的时候，可以采取多种形式。比如，区块链可以视为信用层面、交易媒介、安全通道、去中心化功能，以及更多。

即使如此，今天区块链的演进，依然和互联网早期有很多相似之处，特别是它们是如何被逐渐接受的。

不要忘了，从 1983 年互联网出现后，万维网花了 7 年时间才登场；即使在万维网商业化后，大多数公司也花了 3 年时间（大约 1994～1997 年）才完全认识到它的潜力。毋庸置疑的是，在 2015～2018 年间，区块链将仍然维持它那半神秘半复杂的面具，正如比特币用了 3 年时间（2009～2012 年）才为大众所熟知一样。

区块链应用的介绍

没有互联网，万维网就无法生存。同样，区块链也离不开互联网。万维网提高了互联网的可用性，因为普通大众对如何使用信息更感兴趣，而不是如何把电脑连接在一起。区块链的应用，需要互联网，但是它能够超越万维网，提供一个更加分散化，或许更加公正的版本。这正是区块链技术最大的承诺之一。

区域链和万维网一样，都需要互联网

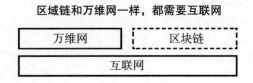

应用区块链不止一条路。你可以基于原生的区块链技术，也可以和现有的网络应用相结合，后者通常被称为"混合区块链应用"。

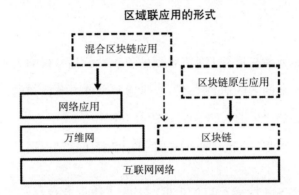

区域联应用的形式

互联网是由一个公共版本以及数个私人变体构成的，区块链也遵循了同样的道路。也就是说，我们有公共和私人的区块链。其中某些是以原生形态存在，而另外一些或许是混合形态，作为现有的网站或私人应用的一部分而存在。

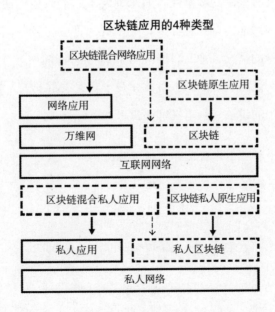

区块链应用的4种类型

区块链的强叙事性

一种技术或者趋势是否具有强烈的叙事性，是其影响大小的标志。那么故事和叙事之间的区别是什么？故事通常是连贯和已知的，而叙事往往是那些身处趋势之中的人的更加私人化的故事。

约翰·哈格尔（John Hagel）[1] 很好地解释了这种区别：[2]

> 故事是自包含的——有开头，有中间，有结尾。而叙事是开放的——结局并未定论。其次，故事是关于故事讲述者或者其他人的——它不是关于读者你的；相反，叙事的演变取决于你采取的行动和做出的选择——你将决定结局。

互联网就具有很好的叙事性。如果询问不同的人他们使用互联网的方法，或者互联网对他们意味着什么，毫无疑问你会得到不同的答案，因为每个人根据自身的情况，把互联网应用于不同的用途。

区块链之所以具有强烈的叙事性，在于它大大激发了人们的想象力。

根据哈格尔的说法，叙事性能够带来如下好处：

差异化——有助于你从人群中脱颖而出。

影响力——能够动员企业之外的人员。

---

[1] 约翰·哈格尔是一位管理咨询顾问、公众演说家和作家。——译者注

[2] The Untapped Potential of Corporate Narratives. http：//edgeperspectives. typepad. com/edge_ perspectives/2013/10/the-untapped-potential-of-corporate-narratives. html.

分布式创新——激发意想不到的创新。

吸引力——通过提供的机遇和挑战吸引他人。

人际关系——在叙事架构下，组建稳定的人际关系。

哈格尔特别指出，重要的在于"超越……的界限而连接和动员其他人"。把区块链填入省略号处，我们就得到了构建长期而又强烈的区块链叙事性的有力基础。

元技术

区块链是一种元技术，因为它能够影响其他科技，而且它本身就是由其他技术构成的。你可以把它看作是建立在互联网顶层的计算机和网络层级。仔细审视区块链的层级架构，你会发现它由几个部分构成：数据库、应用软件、互相连接的计算机、客户端、供开发的软件环境、监测工具，以及其他（将在第6章详述）。

区块链不仅仅是一项新的技术。它是那种能够挑战甚至颠覆现有软件科技的技术，因为区块链具有能够补充或者取代现有实践的能力。关键在于，区块链是可以改变其他科技的技术。

上一次具有如此催化作用的科技的出现，还要追溯到互联网。互联网的出现，不仅改变了软件应用的写法，更带来了新的软件技术并取代了旧有的技术。1993年超文本标记语言HTML改变了网页创建；1995年网络编程语言Java改变了编程；数年前TCP/IP网络协议通过全球性的协作方式，开始改变了网络。

从软件开发的角度来看，区块链所带来的最大的范式变动，就是对我们现有的传统数据库的功能和垄断地位提出了挑战。因此我们必须深入了解，区块链是如何让我们重新审视现存的数据库结构的。

区块链对软件应用的写法的改变，体现在新的脚本语言，能够对商业逻辑进行编程，成为能够应用于区块链的智能合约。

软件、博弈论和密码学

从另一个角度看，区块链可以视为是 3 个已知领域的结合：博弈理论、密码学和软件工程。每一个领域都已经单独存在和发展了很长时间，但正是区块链技术，让它们第一次有了明确的交集。

博弈论是"对理性决策者之间的冲突与合作进行数学建模的研究"[①]。而由中本聪提出的比特币区块链，正是为了解决博弈论中称为"拜占庭将军问题"[②]（Byzantine Generals Problem）的难题。因此，博弈论和区块链在此连接到了一起。在拜占庭将军问题中，由于有少数不忠诚将军的存在，他们有可能成为叛徒，并阻挠一致行动计划的实现。为了确保胜利，军队必须把不忠诚将军的影响降到最低。这是通过创建一个对投入信息生产的工作进行验证的过程来实现的，同时对访问未篡改信息的要求实行限时以确保其真实性。拜占庭容错算法的应用，非常重要。即使是在承认你不能相信任何人的前提假设下，只要你信任网络，那么你依然可以对交易

---

① Myerson, Roger B. (1991). *Game Theory: Analysis of Conflict*, Harvard University Press.

② Leslie Lamport, Robert Shostak, and Marshall Pease, *The Byzantine Generals Problem*. http://research. microsoft. com/en-us/um/people/lamport/pubs/byz. pdf.

的真实性抱有信心，哪怕存在潜在的攻击。

这种验证交易真实性的新方法，具有深刻的含义，因为它对现有的信用中介的存在和角色提出了挑战，而信用中介目前是验证交易的传统权威机构。我们思考这个问题：如果可以通过内含信任的网络，实现点对点的交易，那我们为什么还需要一个中心化的机构来确保中心化的信任？

密码学在不同的层次为区块链提供安全性，它建立在3个基本概念上：哈希算法、密钥和数字签名。"哈希"是一个独特的数字指纹，它能够在并不需要被真正看到的情况下，验证某组信息是否被篡改过。密钥至少有两种组合：公钥和私钥。举个例子来说，假设有一道门，需要有两把钥匙才能打开。此时，信息发送者使用公钥来将信息加密，加密后的信息，只能用私钥来解码。在这个过程中，私钥的拥有者并不需要公开他们的私钥。数字签名是用来证明（数字）信息或者文件的真实性的数学工具。

密码学对公钥和私钥的处理，体现了区块链的阴阳法则：公开可见，但需要私人验证。这有点儿像你的家庭地址，你可以公开你的家庭地址，但是那也并不会向外界揭示你家里到底是什么样子。要进入你的家，必须拥有你的私人钥匙。而且一旦你宣称这个家庭地址属于你，那么别人就不能宣称同样的地址是他的了。

密码学历史悠久，但软件工程学将其与博弈论结合起来，构建了区块链的总体架构，在这个架构中，压倒性的数学上的确定性，大大降低了可见的不确定性。

数据库 vs 账本

我们已经知道，不需要第三方机构就可以验证交易。现在你也许不禁在想——既然数据库通常被认为是可靠的资产存储器，数据库是不是也能做到？

在区块链中，账本用来保存那些经过区块链网络验证的注册交易的无可辩驳的记录。

让我们来看看数据库和区块链账本的两种情况。

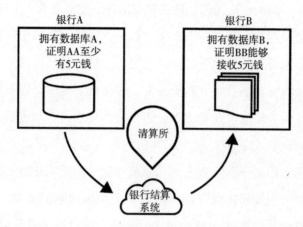

当你在银行开了一个户头的时候，实际上你等于放弃了对这个账户的真正控制权。银行给你提供了你对自己的账户有着完全的出入权和操控权的假象。每次你想通过银行账户进行存取款或者支付的时候，正是由于你给了银行隐含的完全信任，银行才给你明确的出入权。这实际上也是一个假象。账户的出入权，本质上是对一个能够记录你有多少钱存在银行的数据库的读取。你觉得你拥有这笔钱，那其实也是银行营造的一个假象。数据库记录你拥有多少钱，而银行拥有数据库，因此银行实际上具有更高的权限。

银行是复杂的，但简单来说，我要强调这样一个事实：银行拥有最终的权限层级，来决定是否接受或者拒绝你对存在银行的钱的支取请求。这同样适用于你放在金融机构的任何数字资产（股票、债券、有价证券）。

来看看区块链是怎么运行的。

在最简单的情形下，同样的场景在区块链中，并不会出现上面描述的复杂性。一个用户可以通过一个特定的钱包，向另一个用户进行支付，而区块链网络负责审核、验证并且完成转移，通常在 10 分钟之内就可以做到，无论是否有加密货币交易所做中介。

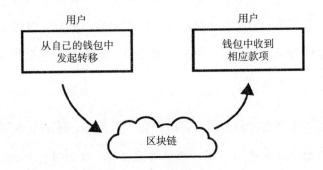

这是区块链魔法的最基本展现。这也是我建议任何想要应用区块链的人，首先用自己的钱包来体验一下这种交易。你可以通过下载现有的电子钱包应用，也可以在你附近的比特币交易所注册来完成交易。一旦尝试了，你就能理解不需要信用中介的真正含义，并且开始质疑为何我们至今还需要它们。

回顾过去，才能展望未来

那么，如何定义区块链在科技演变的不同阶段中的地位呢？

2003 年，尼古拉斯·卡尔（Nicholas G. Carr）① 在《哈佛商业评论》

---

① 尼古拉斯·卡尔，美国作家，作品涉及科技、商业和文化，曾获得 2011 年普利策奖提名。——译者注

上发表了一篇著名的文章①——《IT 并不重要》，这篇文章震动了信息技术行业，对行业内企业的战略相关性提出了质疑。卡尔写道：

> 什么因素使得一种资源成为战略性资源——赋予该资源具有可持续竞争优势的基础能力——不在于独特性，而在于稀缺性。你只有拥有或者做到其他竞争对手所没有或做不到的，才能获得优势。到目前为止，IT 行业的核心功能——数据存储、数据处理和数据转移——已经逐渐变得大众化。

尽管他的文章在发表后两年多内一直争议不断，随着互联网作为一种新的强有力的计算平台的出现，卡尔所预言的不祥之兆已经越来越明显。互联网打了那些当时还为千年虫问题焦头烂额的首席信息官（CIO）一个措手不及。现实中，互联网的到来意味着 IT 的衰落，因为那些已经具备互联网知识的人拥有了某种程度的比较优势。

正如下图所展示的，网络时代带来了 IT 统治地位的终结，而区块链巨大的前景也终将涌现。

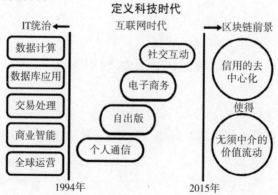

定义科技时代

----

① *IT Does not Matter*，https：//hbr. org/2003/05/it-doesnt-matter.

另一种观察科技演化中的一致性的办法，就是把互联网的发展划分不同的阶段，而且我们可以看到，专注于点对点、信用基础的资产交易的区块链，将会是下一个全新的阶段。让我们回顾一下 1994 年以来互联网带来的关键变革：个人通信、自出版、电子商务，以及社交网站。回顾来看，每一个阶段都可以用它所颠覆的功能进行定义：邮局、出版媒体、供应链/实体商店，以及真实社会。

阶段	目标	颠覆	后果
通信	能够联络世界上任何人	邮局	个人通信
出版	散播想法	出版媒体	自出版
商业	贸易	供应链和实体商店	电子商务
社交互动	连接朋友	真实世界	社交网络
资产交易	管理你所拥有的	现有监管人	基于信用的服务

讽刺的是，基于区块链的应用，能够取代任何一个网络应用。网络能够带给我们的诸如信息出版、通信和电子商务等功能，都将面临建立在区块链技术的点对点协议基础上的新的应用版本的挑战。

解读区块链

让我们继续来解读区块链的方方面面。有一点我始终要强调，就是区块链不是某一个具体的项目、事件、趋势或者特征。它是多方面全方位的，一部分通过协作，一部分独立工作。

在 1995 年互联网开始商业化后，我们经常把它形容为一种具有多元目标的现象。在我 1997 年的书《推开数字市场之窗》（*Opening Digital Mar-*

kets）中，我用 5 种身份来形容互联网，并且认为要发展不同的战略才能充分利用互联网的每种身份。具体来说，互联网可以同时是网络，是开发平台，是交易平台，是媒体，也是市场。（由于通信/社交网络是随后才出现的，当时我们并没有包括这一部分。）

区块链的多重功能性表现得更进一步。它同时展现了如下特征：

1. 加密货币。
2. 计算的基础设施。
3. 交易平台。
4. 去中心化的数据库。
5. 分布式会计账簿。
6. 开发平台。
7. 开源软件。
8. 金融服务市场。
9. 点对点网络。
10. 信用服务层。

作为建立对区块链的基本认识的第一步，让我们逐条解读以上角色。

1. 电子加密货币

电子货币功能，或许是区块链最显而易见的要素，特别是对公共区块链比如比特币或者以太坊（Ethereum，简称 ETH）。加密货币一般能够体现区块链的可行操作和安全性。有时候内生的加密货币也以代币（token）的形式出现。

让许多消费者对加密货币望而却步的，是它本身的波动性。罗伯特·

山姆（Robert Sams）2014 年在他一篇关于稳定加密货币的论文中，引用了尼克·萨博（Nick Szabo）[1] 的话："比特币的波动性，主要来自投机行为中的巨大差异，而这种差异又根源于对比特币将来的强烈的不确定性。再多的有效流动机制，也无法减少这种不确定性。"随着加密货币越来越多地被人们了解和熟悉，它的前景的不确定性会减弱，其接受程度会逐渐稳定。

当加密货币对那些成功验证了一笔交易的矿工进行补偿的时候，它扮演了一种生产的角色；而当加密货币成为智能合约（比如以太坊的 ETH）的运行费或者等价于交易费用（如 Ripple 的 XRP[2] 或者比特币的 BTC）时，它又扮演了一种消费的角色。这种经济学上的动机和成本分析，主要是为了防止区块链被滥用。在更复杂的使用情况里，比如在分布式自治组织（Distributed Autonomous Organizations，简称 DOA）中，代币可以被用作内在价值的单位。我们将在第 5 章和第 7 章中讨论这个话题。

在区块链的运行机制之外，加密货币就像其他任何一种货币。它可以在交易所交易，可以用来支付商品和服务。在区块链网络中，加密货币非常有效；但是一旦它跨入传统货币（也称"法定货币"）的领域，加密货币往往会带来一定的摩擦。

2. 去中心化的计算基础设施

区块链也可以看作是一种软件设计方法。在这种方法下，一定数量的

---

[1] 尼克·萨博，一名博客作者，前乔治·华盛顿大学的法学教授，曾被认为是以中本聪为笔名撰写了推出这一概念的具有开创性的论文的作者。——译者注

[2] Ripple 是世界上第一个开放的支付网络，XRP 是 Ripple Labs 公司发行的虚拟货币，属于 Ripple 网络中的内部货币。——译者注

计算机连接在一起，它们对自身信息的释放和记录都遵从同样的程序，并且相关交易都通过密码来验证。

从物理的角度看，联网的计算机服务器才是区块链强大的根源。但是区块链的魔力之一，就在于开发者并不需要设立这些服务器。互联网中，超文本协议（HTTP）请求会被上传到服务器；而在区块链应用中，网络直接向区块链提出请求。

3. 交易平台

区块链网络可以验证许多和电子货币或者被电子化的资产相关的交易行为。一旦交易达成共识，交易就被记录在一个称为"区块"的存储空间里。对这些交易进行记录的区块链，以后就可以成为验证交易是否发生的工具。因此，区块链就成为一个超级交易处理平台，能够处理从微型交易到巨额交易的一切交易行为。

如果要把区块链和其他交易处理网络做比较，那么首先想到的就是处理吞吐率，用每秒交易数量（Transactions Per Second，简称 TPS）来衡量。作为参考，2015 年维萨（VISA）的 VisaNet 系统平均吞吐率为 2 000 TPS，峰值吞吐率为 4 000 TPS，最大吞吐能力为 56 000 TPS。2015 年，贝宝（PayPal）一共处理了 490 万笔支付交易，平均吞吐率相当于 155 TPS。[1] 比特币区块链在 2016 年的数字远远低于以上数据，大约在 5 ~ 7 TPS 之间。但是随着侧链技术的发展以及比特币区块大小的增长，比特币区块链的这个数据很有可能会超越。此外，其他区块链相对于比特币更快。比如，以太坊 2015 年的 TPS 只有 10，2017 年预计会达到 50 ~ 100 TPS，2019 年的目标更是

---

① PayPal website，https：//www.paypal.com/webapps/mpp/about.

50 000～100 000 TPS。① 私有区块链由于对安全性的要求更小，所以处理速度更快，2016 年已经达到 1 000～10 000 TPS，2017 年预计上升到 2 000～15 000 TPS，2019 年后，也许可以突破无限的上限。最后，通过把区块链的结果连接到集群的服务器上，能够把交易吞吐率上限推得更高，这无疑是一个积极的发展。

4. 去中心化的数据库

区块链粉碎了传统的数据库/交易处理的模式。2014 年的时候，我就断言区块链是新的数据库，并警告程序员们做好重写一切程序的准备。

一个区块链就像一个空间，在这个空间里，你利用线性容器空间（区块）来半公开地存储数据。任何人都可以验证你是否存储了某个信息，因为容器上有你的签名，但是只有你自己（或者你的程序）能够知道容器里到底是什么信息，因为只有你才安全拥有数据所对应的私钥。

因此除了部分信息——区块头部——是公开的以外，区块链很像数据库。虽然不得不承认，区块链不是一种很有效的数据库，但没关系。区块链不是为了取代大型数据库。更确切地说，那是软件开发者的工作，他们需要更好地重写程序，以充分利用区块链的状态迁移能力。

5. 共享的分布式会计账簿

区块链也可以看作是公开的、分布式的、盖时间戳的资产账簿。这本账簿记录网络中发生的每一笔交易，允许用户通过计算机来验证每一笔交易的真实性，从而杜绝双重支付。账簿可以多方共享，也可以设置为私

---

① Personal communication with Vitalik Buterin, Feburary 2016.

有、公共或者半公开。

尽管交易的分布式账簿是描述区块链最通俗的说法，有人甚至把它看作是区块链的核心应用，但是这只是区块链的特征之一。

6. 软件开发平台

对软件开发者来说，区块链最初，也始终是一组软件技术。没错，区块链有着内生的政治和社会含义（去中心化），但是对开发者而言，最大的吸引力就是软件技术上的创新。新的开发工具足以让软件工程师们兴奋不已。区块链促生了一种新的软件应用，它们是去中心化和加密安全的。

同样，区块链有着不同的应用程序编程接口（API），包括交易脚本语言、P2P 节点通信 API，以及用于网络检查交易的用户 API。我将在本书第 6 章更加详尽地介绍软件开发这个方面。

7. 开源软件

许多稳健的区块链都是开源的。这不仅意味着，软件的源程序对公众是开放的，更意味着，在核心软件的基础上，可以通过协作的方式进一步创新。

以开源的核心比特币协议为例。从最初的发明者中本聪之后，一个叫作"核心开发者"的团体一直在维护它，并且持续地对它加以改进和强化。除此之外，利用比特币协议的稳健性，成千上万的独立开发者也参与贡献了为数众多的辅助产品、服务以及应用。

区块链软件的开源性，是区块链的重要特征。区块链的核心越开放，围绕着它的生态系统就会越强壮。

8. 金融服务市场

货币始终处于基于加密货币的区块链的核心。一旦加密货币被视为和其他货币一样对待，那么它就是金融工具的一部分，从而创造出一系列新的金融产品。

区块链为下一代金融服务提供了一个不可思议的创新环境。只要加密货币的波动性能够降低，它就会更加大众化。金融衍生产品、期权、互换、合成金融工具、投资、贷款，以及许多传统的金融工具，都将会有相应的加密货币版本，从而创造一个新的金融服务和交易市场。

9. 点对点网络

区块链里没有"中心"的概念。结构上，点对点网络处于区块链的最底层。通过节点位置的终端进程处理，一条区块链推进了去中心化。网络就是计算机。你可以在点对点的水平上验证每一条交易。本质上，区块链可以看作是实现了真正去中心化的薄云计算。

无论用户身处何时何地，他们都可以即刻与其他用户连接和交易。无论是两个或多个用户之间，还是在交易行为涉及的节点之间，都不需要任何中介，对交易进行过滤、阻挡或者延迟。网络中的任意一个节点，都可以根据它们对网络中其他地方交易情况的掌握来提供服务。

除了建立一个技术上的 P2P 网络，区块链还建立了用户间的市场。借助于区块链网络和应用，用户可以建立不同规模和活力的（分布式）经济。因此，可以说区块链带来了一个经济模型，这也是本书后面章节所要扩展的一个重要特征。

10. 信用服务层

所有的区块链，通常都把信用作为服务的最基础目标。本质上，信用是区块链的功能和提供的服务。但是信用并不仅仅局限于交易，它可以扩展到数据、服务、处理、识别、商业逻辑、合同条款或者任何实体上。它能够应用于几乎所有能够被数字化为（智能）资产并且内含价值的东西。

现在，设想一下以上 10 种区块链强有力的特征，能够混搭出多少种可能的创新。这种组合，可以让你惊叹区块链不可思议的能力。

状态迁移和状态机——它们是什么？

区块链并不是适用于任何东西，也不是所有东西都能纳入区块链的范式中。区块链是一种所谓的"状态机"，这也是我们需要理解的一个概念。

用技术术语来说，状态是指在某一个特定的时间点所保存的信息。状态机就是记录在某一指定时刻，事物所处状态的计算机或者设备。给定某些输入，状态可能会改变，状态机会对这些实现了的改变提供相应的输出。对状态迁移的密切关注是非常重要的，而且这也是区块链擅长做到的，并且区块链的输出结果是不可改变的。形成鲜明对照的是，数据库的记录由于是可以反复多次重写的，因此是可变的。不是所有的数据库都有审计跟踪，即使有，由于没有防篡改机制，审计跟踪也是可以被销毁或者遗失的。在区块链中，状态迁移记录是关于状态的信息的永久部分。在以太坊区块链中，有一个明确的状态树来代表每个地址的账户余额，而交易列表则代表了每个区块中当前区块和之前区块的交易。

为了实现可以容错的分布式系统，状态树是一个非常好的选择。

一致性算法

要理解区块链范式转变的严重性，我们必须要弄清楚"分布式共识"（decentralized consensus）这一概念，它也是以加密为基础的计算革命的关键宗旨。

分布式共识打破了传统模式的集中式共识，即一个中央数据库用于检验交易的有效性。分布式计划（区块链协议的基础）是将权力和信任转换到分布式的网络，并允许其节点持续并且循序地将交易记录在一个公开的"区块"上，从而创建了一个独特的"链"即"区块链"。每一个连续的区块都包含了一个前一段代码的"哈希值"（独特的指纹），从而加密技术（通过哈希码）被用来确保交易源的认证是可靠的，并且不需要任何中心化的中介认证。密码学和区块链技术的结合，确保了相同的交易不再被重复记录。更重要的是，通过这种程度的拆分，一致性逻辑和应用本身得以互相分离，因此应用可以写成分布式的，从而激发了与货币或非货币相关的应用的创新浪潮。

你可以把一致性视为分布式结构的首要层级，这是理解区块链运行的内在协议的基础。

一致性算法决定了提交交易的方法或者协议，因此是区块链的核心。它的重要性在于，我们必须信任已经提交的交易。作为商业用户，你不需要理解这些算法是如何工作的，只要你信任它的安全和可靠性。

比特币首先提出了工作量证明共识机制，它可以看作是各种算法的祖辈。工作量证明基于流行的实用拜占庭容错（Practical Byzantine Fault Tolerant)[①] 算法，该算法允许根据指定的状态安全地提交交易。另一个选择是权益证明（Proof of Stake，简称 POS）共识机制。[②] 其他共识协议还包括 RAFT、DPOS 以及 Paxos，但我们不会对它们互相之间进行比较，因为随着时间推移，它们最终都将会被视为标准管道。建立在这些算法上的工具和中间技术，以及围绕它们的生态系统，才是更重要的。

工作量证明的一个缺陷，就是对环境的破坏，因为它需要大量的来自专业机器的处理功率，从而消耗了过度的能源。工作量证明的一个有力挑战者就是权益证明。建立在虚拟挖坑和基于令牌的投票概念基础上，权益证明并不需要像工作量证明那样高强度的计算能力，并且能用一种更低成本的办法达到安全要求。

最后，在讨论共识算法的时候，你需要考虑许可方法，也就是决定谁能够控制和参与共识过程。3 种流行的许可选择是：

1. 公开（比如 POW、POS、代理 POS）。
2. 私人（在有限区块链中使用密钥来建立权力）。
3. 半私人（比如用联合的方式使用传统的拜占庭容错算法）。

Ⓑ 第 1 章要点

1. 像万维网一样，区块链是置于互联网顶层的技术。

---

① Byzantine fault tolerance, https：//en. wikipedia. org/wiki/Byzantine_fault_tolerance.

② Proof-of-stake, https：//en. wikipedia. org/wiki/Proof-of-stake.

2. 区块链有技术、商业和法律定义。

3. 区块链使用密码方法来确认和完成交易。

4. 区块链将重新定义现有中介的角色（如果他们愿意接受改变），同时创建新的中介，从而打破传统的价值边界。

5. 区块链有 10 个特征，需要全方位理解。

第2章

区块链式信用是如何渗透的

THE BUSINESS
BLOCKCHAIN
Promise, Practice, and Application of
the Next Internet Technology

我不明白人类为什么恐惧新观念。我却害怕旧思想。

——约翰·凯奇（John Cage）

达成共识是区块链的运作核心。但是，区块链是以去中心化的方式达成共识，这打破了陈旧的、由一个中央数据库规范交易有效性的中心化集成模式。去中心化的分布方式（区块链的基础）将权力和信用转移到分散的网络，授权网络中的节点连续并有序地将交易记录在公共"区块"上，创建唯一的"链"——区块链。

当然，区块链注定会影响几乎所有的事物。但是，了解它是怎样影响、何时影响、影响什么则是一个挑战。第 1 章重点展示了区块链技术的多种功能，为你理解它的用途做准备；并让你相信，在区块链上的点对点交易，在没有已知的中介下就能完成，除了区块链自身。

区块链并非一招鲜的马驹，它是可以采取多种形式的多头怪兽。

如果你把它看成一种技术，那么你会将它作为一种技术实施。如果你将它视为企业变革的引擎，那么你会考虑到业务流程。如果你想领悟法律的内涵，可以从它的新型治理特点中得到肯定答案。如果将它视为一张用来设计新的可能性的白纸，要么设计出之前未有的，要么挑战现有产物，你都想要富有创造性地设计这些新机会。

一开始，区块链（当然就是比特币）是一门通过挑战现状而活跃的技术，对现状能否持续没有预想的同情。中本聪的论文中丝毫未提及有关现存世界整合接轨的问题。多数应用都是来自大家对比特币的不同理解和应用后的想法。

在宏观层面上，从市场的扩张和接纳角度看，区块链技术的未来将以类似网络的发展方式展开。

一种新的信用层面

区块链颠覆并重新定义了我们普遍接受的信用观念。

当我们想到信用时，如果排除精神、哲学、情感内涵，仅在商业交易目的上，会考虑以下几方面：依赖性、可预测性、信心、事实、担保、信用凭证、确定性、确信、责任和依赖。

作为公民或商业人士，让我们挑选几个日常接触的信用机构，通常会是：银行、政府、信用卡公司和公用事业公司。

我们通常是相信这些组织机构的，因为它们大多大部分时间行事良好，并且给予和维护我们的信任。银行不会窃取我们的金钱，只要我们需要随时都可以支取。政府征税会向我们提供服务作为报答。信用卡公司借给我们钱，我们随处都可以使用，更加方便。公用事业公司提供水、电或者电信服务，我们只需要支付账单。

你也许会认为这幅画面没有差错。然而，对于这些组织机构，我们可能会想，授予它们的信任可能被侵蚀、被滥用、被忽视、被遗忘，或有时会变得非常昂贵。

银行会推迟结清我们的支票，即便我们买东西时是立即支付的。政府很容易浪费我们的税金，但是我们看不到，或者不容易证明这些。信用卡公司收取我们23%的利息，即使基准利率仅仅为1%。公共事业公司中断服务或者降低服务质量时是不会赔偿我们的，更甚者它们可能会在我们不注意时改变比例和条款。

这是有一定因果关系的。因为我们95%的时间是信任它们并宽容它们的不守信行为的，所以这些组织可以逃脱上述极端情景（糟糕的影响）。那么换成区块链来做这些又会怎样呢？

当上述"坏"情况发生时，区块链并不会做什么来节约我们那5%的时间。但是，我们将讨论区块链是如何在剩余95%的时间里，大幅度提升信用交易的透明度，以至于信任失败的糟糕影响可能会被消除（或者至少会被减弱）。通过更加透明的信用层面，各种组织将降低其不守信的次数，不仅仅是因为它们受到更多的监督或者害怕被质疑，而是因为潜在的失败可以被分散，并且允许我们成为初期预警系统的一部分，因此最终的结果就是降低了它们的整体风险。

区块链通过提供一定程度的透明度，以及获得真相、防止信用背叛的途径，可以防止违背信用状况的发生。如果假使这种新技术可以在提供更多好处的情况下，重新定义中介所展示的诚信职责，并能取得类似的成效，结果会怎样呢？主动提供事实与透明度是区块链的基本层面。但是大多数其他信用机构是不会主动透明或者提供事实的。这将成为一场有趣的交战。

去中心化的信用——是什么意思？

有了区块链以后，信用的列车正在驶向新的目的地。通过潜在的、以区块链为基础的去中心化一致性协议，使得传输的管理正在从人类及中心化组织向电脑及去中心化组织迁移。之前的范式将我们的注意力导向信用机构，允许它们操纵我们的交易、我们的数据、我们的法律地位、我们的财产和我们的财富。

在新的范式中，中心化信用流程的一部分被归入区块链中，区块链能够为此信用功能服务。如果传统的"信用检查"已经成为一种昂贵的、充满摩擦的过程或服务，也许区块链可以提供一个解决方案。

核心问题是：区块链能否给予我们一个 2.0 版本的信用，即一种更好的信用模式，而不总是依赖于那些大而不倒、太官僚而无视风险或者行事拖沓而改变缓慢的中心化中介。假如我们相信去中心化式的信用是有未来的，我们需要信奉以下 7 个原则：

1. 将区块链理解成一个对信用去中介化的工具是不准确的。事实上，区块链只是对信用的再中介化。

2. 区块链能够对信用程度分类。区块链向现存某些信用提供者进行挑战，将它们的职责再分配，有时甚至削弱了它们的权力。

3. 区块链不会消除信用，而是转移它，使其流动回转。

4. 信用总是被需要的。信用如何被传递、被获取就是区块链所改变的。不论谁，获得了信用就获取了某种关系，自然包括对区块链的信用。

5. 中心化的信用被区块链打散，取而代之的是多样化、单独无害的，但聚合起来威力无穷的授予信用的个体。

6. 因为信用的传送成本被分散了，所以区块链破坏了信用的现有产业经济。

7. 不同于中心化的信用使我们疏远，分布式的信用将我们聚合在一起。

听起来也许很抽象，但区块链的关键作用是提供基于信用的服务。这意味着我们可以检查核实事实、数据、流程、事件或者其他一切事情的真实性和准确性，就像目前谷歌搜索这些信息、服务、产品一样简单。

随着我们反复完善我们的"信用逻辑"，拨号式或者谷歌搜索式信用将成为可能。

我们已经完善了网络逻辑。将你的电脑连上网就可以工作。靠近一个无线网络热点时，你的电脑就会被发现。当你进入车中，它会通过蓝牙连接你的智能手机。这些魔术般事实的发生，是因为网络连接背后已经绘制好的逻辑，能够无缝连接且易于使用。

下一个我们需要绘制的逻辑就是信用逻辑。信用将潜藏在硬件或软件系统中，通过连接授权给产品和服务，从而互相影响。在没有人类协助下，被信任的系统可以自行完成指定操作，这意味着大大提高了众多事物和服务的智能程度。

透明性和对事实的探索是对信用特点的补充。透明性的要求是：我们能否看得见；事实会问：我们能否证明它。

Airbnb① 是如何为陌生人之间设计信任的

Airbnb 能利用基于区块链的信用系统做哪些事情呢？答案是许多。

Airbnb 网站有一门课程，是如何掌握允许陌生人在家里过夜而不害怕的艺术。最开始，先为两个陌生人配对并帮助他们完成交易，这类似于一条区块链帮助两个或多个互不相识的团体完成点对点的交易。

对于双方有一个共同的问题就是，如何使交易顺利并且以有序、可靠的方式进行。共同的要素就是如何共享身份和声誉的细节。以 Airbnb 为例，宾客会分享许多自己的信息，这是关键的一步，有助于房东获得相信他们的自信。对于区块链，身份和声誉是最主要的准入要素，能在适当的地方有效锁定点对点交易。

乔·杰比亚（Joe Gebbia），Airbnb 的联合创始人说："事实证明，一个精心设计的信誉体系是建立信任的关键。我们也认识到，只有披露适当数量的事实才能建立相应数量的信任。"

Airbnb 是为人类的信任成分而设计的，区块链则是为了交易信用这一并行要素而设计的，人类是交易信用背后的一部分，在区块链里用身份和声誉状态来代表。

最终，Airbnb 也运用用户区块链的身份和声誉来补充其现有的声誉和身份识别过程。如果区块链能够提供一种可靠的、能移植到其他服务中的

---

① Airbnb 成立于 2008 年 8 月，总部位于加利福尼亚州旧金山市。Airbnb 是一个值得信赖的社区型市场，在这里人们可以通过网站、手机或平板电脑发布、发掘和预订世界各地的独特房源。——译者注

选择，就没有必要再去寻找其他选择了。

基于证明的信用服务范围

证明事情是否发生是区块链的特长。证明方式的层级从一个一致性协议的一部分（例如工作量证明或者权益证明），到服务性证明（例如鉴定身份或者所有权），再到服务中的证明（例如土地注册或者婚姻登记）。

证明的金字塔

下表涵盖了一些我们可能会碰到的，不同维度的与证明有关的服务型范例。在服务中的证明和服务性证明范畴中，我们可以期待更多的一系列改革创新。

服务中的证明	
婚姻登记	对手交易
土地注册	会计审计
供应链	选票
资产注册	契约转让

（续表）

服务性证明	
资产证明	所有权证明
身份证明	物理地址证明
认证证明	来源证明
个性化证明	收据证明
共识中的证明	
工作证明	许可证明
资助证明	存在证明

区块链格局

对区块链市场的三个连续的建筑层级结构的描述，可以加深我们对区块链市场演变的理解。20 世纪 90 年代末这种分割模式曾被我用于解释互联网，我们将再次借用这一流行的模式。

- 基础设施和协议。

- 中间件（middle ware）和服务。

- 终端用户应用。

故事一般是这样的：首先，你需要一组强大的基础设施作为基础元素。例如互联网中的 TCP/IP、HTTP 和 SMTP，就像建筑用的砖。对于区块链，不同类型的区块链协议奠定了基础设施。然后，你需要一定量的中间件和服务，它们将建立或运行在基础设施之上。中间件是基础设施元素的延伸，使得应用程序的建设变得更容易。就像基础设施和应用中间的胶水。最后，依托于基础设施和中间件及服务，上千种应用将繁荣发展。

理想情况下，底部两层越成熟，应用的发展也将更容易。只要不断进化，这三个层级在演变顺序中不会出现明显的轮廓边缘。即便基础设施和中间件层还没有被建立完善，开发者就开始建造应用了。然后，通过交替变化演进，这个格局中各个层级都会发展进步。

直接和间接的利益

那么，区块链技术能带来哪些好处？能解决什么问题？

企业家和创新型公司自是不必说的。他们已经掌握了这项新技术，就像水中的鸭子，忙于创新业务和解决方式，使用不同的规则，来取代现有的形式。

企业家会问些问题，因为好处对于他们而言并不明显。对于大公司来说，区块链最初是令人头疼的事，是不在企业计划中的事情。

对于区块链能带来何种好处的问题，一个令人伤感的事实就是：如果满足于现状，你会认为区块链并不能带来任何价值的增加。事实上，区块链并不适合于一切事物，但是，如果它适用于你正在保护的领域，一旦你忽视它，总有一天，当一个基于区块链技术的公司开始影响你现有业务时，你也许才会意识到之前错误的判断。

区块链最初也许受到过幸运饼干原则的困扰，就如同伯纳戴特·吉华（Bernadette Jiwa）概述的："人们不会因为幸运饼干比货架上其他饼干的味道更好而买幸运饼干。他们买幸运饼干是为了在一餐结束时延续快乐。当市场销售在花费大部分时间卖饼干时，最应该做的却是寻找一种更能创造幸运的方式。当然，你的工作是烤饼干时，你应该最大程度地做好，但是你也必须花费时间来思考如何编一个生动的故事。"① 对于开发者而言，区块链是有价值的。他们在吃小饼干之前已经发现了内在的幸运故事。但是对于一般的公共用户和许多企业家来说，比特币、区块链、加密货币这些并没有多少价值（至少是当时），因为他们只是被推销饼干的一方。

通常，工程师想要解决技术问题。但是，如果只是技术问题的解决而不能解决终端用户的问题，用户会问："那是问题的解决方案吗？我看不到这些问题啊！"

终端用户倾向于实用的简单解决办法。他们并不关心谁创造或者想要一个特别的技术革新。利益相关的商人也是这个方程式中的一部分，因为他们了解哪些问题花费更多，他们期待这些问题能得到解决。

一般来说，可以通过下列菜单来检查区块链提供的好处：

- **节约成本**：直接或间接。
- **速度**：消除延时。
- **透明度**：为对的人提供正确的信息。
- **更好的隐私**：通过更精细颗粒度的控制保护消费者、业务。
- **更低的风险**：更好的可见性、较少的风险暴露、更少的欺诈、更少的损害。
- **流程**：更公正的流程。
- **生产率**：产出更多。
- **有效性**：进程或报告更快速。
- **质量**：更少的错误或更满意。

---

① "The Fortune Cookie Principle™", Bernadette Jiwa, http：//thestoryoftelling. com/fortune-cookie-principle/.

- **成果**：利润和增长。

区块链并非一个技术改良的过程，但是它将在改良过程中发挥作用，因为改善一个现有流程比发明一个新的流程更加容易。至少，按照常识惯例，大型机构普遍流行这样的运营模式。

是的，提高 1.5 倍或 2 倍是很不错的效果，但是当你能有 10 倍的提高会怎样呢？

在创业型公司和大公司中存在奇怪的分歧。创业公司发现它是一切事物的解决方法，而大公司从它挑战现有业务流程中感受到的是伤痛。

对基础功能的解释说明

智能财产

智能财产是区块链运作时所需的天然要求。为便于理解，我们考虑两个原有事物，"数据文件"和"数字资产"。数字资产是一个产品的数据化版本，包括具体的使用权利和通常的附带价值。没有权利，是不会被视作资产的，仅仅是"数字文件"。例如，数字资产包括一首歌、一本书、一张照片或者一个商标。在比特币发明之前，把钱变成数字资产是行不通的，因为双发（或者双送）问题还没有被解决，这意味着欺诈行为。类似地，当你将智能手机上的照片发送给别人，你仍然持有副本，那么你们俩都是图像的所有人。这在货币世界是不能被接受的，或者说具有真实价值或权利的资产不能被多个所有者共享。

智能财产使得数字化资产概念走得更远，将资产和区块链联系起来从而使双发、双主人、双送的情况永不发生。如果你是这些数字资产的创造者或所有者，想象一下假如你以不可撤销的方式束缚住你的所有权（或权利），除非你自己决定将其转移或销售。这些全在自己的掌控中，而非他人。

你可能正在创造一个智能财产，就是那种能知道谁是拥有者的财产或事物。一个智能财产不一定非得是数字化产品。可能是物理客观存在事物或者事情，通过显性的或隐性的与区块链相联系而变得"聪明"。有成千的事例，包括一把锁、一辆车、一台冰箱，甚至是你的房子。通过关联加密签名，区块链可被用作审计数据库，并基于智能财产内容——智能财产将关联唯一的数字指纹。

现在想象这些功能中轻便、灵活和可发现性的因素，它们将成为去中心化点对点交易、金融交易或贸易的润滑剂。智能财产是区块链这列火车中的新形式数字化字节。

时间戳

一个特定行为的发生会被永久注册在区块链中，这是基本的时间戳功能。例如，资产所有权的变更或者一个事实行为的发生都会被记录。这有助于之后证明或验证某个事件是在特定时间发生的。一旦被记录在区块链上，时间戳是不可辩驳、不可修改的，所以这有助于寻求真相。

多重签名交易

多重签名是一个需要一人以上签名的流程，用于清理交易状态或者做出许可支持。与纸质协议上需要多人签名才能生效是一样的，但是在区块链上的发生是自动且快速的。你可以在业务逻辑中插入多重签名，使得这一途径更加有力，以至于每个签名都能触发新的行为，结果使得交易中创造出第三方契约服务。

智能合约

智能合约是区块链技术的基石。如果你不理解智能合约，你就不会理解区块链的威力。它所带来的变革将不会少于允许公开信息发布或连接到网络的 HTML 的发明。智能合约承诺将我们的世界编排在区块链之上，可能将取代现行昂贵或拖沓的遗留下来的中介的功能。

这个概念最先于 1994 年由尼克·萨博提出[1]，但是它经历了长期休止和不被关注的酝酿期，是因为没有执行智能合约的平台，直到 2009 年比特币区块链技术的到来。自 2015 年以来，智能合约开始流行，特别是自以太坊将它们作为区块链发挥作用的中心信条。

如同任何新的流行词汇，一个术语越流行，它的传播范围就越广，使用也更广泛，但也会被误用或滥用。对不同的人，同样的术语也许意味着许多不同的事情。智能合约有如下一些事实：

1. **智能合约不同于合约协议**。如果坚持尼克·萨博的原始想法，智能合约技术能够使违约变得更加昂贵，因为它们能通过"数字化方式"掌控现实世界的有价资产。所以，智能合约能推进一个特定需求的功能性实现，并能够有力证明某些条件是否达到。某些执行会相当严格，例如，如果一辆轿车交易没有被及时付费，这辆轿车将被数字化锁定，直到付款被执行。

---

[1] Smart Contracts，Nick Szabo，http：//szabo. best. vwh. net/smart_ contracts_ idea. html.

2. **智能合约不同于李嘉图合约（Ricardian contracts）**。李嘉图合约是由伊恩·格里格（Ian Grigg）推行的语义表征①，能够追踪实际合约执行双方的责任。不论有没有智能合约，这些都能在区块链上实现。典型地，多重签名就是一个李嘉图合约执行的一部分。

3. **智能合约不是法律**。作为计算机程序的智能合约是一种授权技术，但是这种行为的结果可能形成法律合约的一部分，例如一个智能合约能将股份所有权从一方转移到另一方。自 2016 年起，围绕智能合约的全部法律相关事务成为发展进程中的工作。一个智能合约成果可能会被用于审计追踪，以证明法律合约中的条款是否被遵循。

4. **智能合约不包含人工智能**。智能合约是能体现商业逻辑并运行在区块链上的软件编码，可以被外部数据触发并使其修改其他数据。相较于人工智能，它更类似于事件驱动型的构想。

5. **智能合约不同于区块链的应用**。智能合约通常是去中心化（区块链）应用中的一部分。一个具体应用可能有几个对应的合约。例如，一个智能合约中某些条件被满足后，应用程序才会被允许进行数据更新。

6. **智能合约很容易编写**。写简易合约很容易，尤其当你正在使用一个具体的智能合约语言（例如以太坊程序），可以用几行代码就能写出复杂的过程。但是智能合约结合 Oracles 语言也有更高端的应用。Oracles 是向智能合约发送可执行信息的数据源。

7. **智能合约不仅仅服务于开发者**。下一代智能合约将包含界面更加友好的用户进入点，就如同网络浏览器。这将允许任何商业用户通过

---

① The Ricardian Contract, Ian Grigg, http：//iang. org/papers/ricardian_ contract. html.

图形用户界面，或者基于文本的语言输入来配置智能合约。

8. **智能合约很安全**。即使在以太坊实现过程中，智能合约也像类图灵式完整程序一样运行。这表明它们执行的过程可终止，不会冒无限循环的风险。

9. **智能合约有很广泛的应用**。就像超文本协议，智能合约的应用范围只受到编写者自身的限制。智能合约是与现实世界资产、智能财产、物联网以及金融服务互动的理想工具。它们并不只是局限于货币的流动，而是适用于一切随时间变化并且附带价值的事物。

具有智能合约专业技术的开发者是很受欢迎的。学会智能合约技术，将引领你在不需要直接掌握区块链的情况下就能使用区块链。许多智能合约语言是来自 C ++、Java 或者 Python 这三个最流行软件语言的派生，学习起来会容易得多。

智能合约是区块链技术构建中被低估的部分。然而，它们注定会为区块链的未来提供动力。

如果信用是区块链的原子单位，那么智能合约是将各种信用编入具体应用的程序。很快地，区块链中将涌现上百万的使用我们世界中的逻辑表达的智能合约，这是值得期待的变革。

智能预言机（Smart Oracles）

预言机是一个与智能合约相关的有趣概念。你可以将它视为非链数据资源，可以被智能合约用来修改它的行为。智能预言机包含真实世界的信息表述，例如身份、地址或证明，它们也可以拥有代理属性，能够指挥智能合约以某种方式运转。

　　它们可以一起协调工作，是因为它们其中一个在区块链上（智能合约），而另一个（智能预言机）不在链上。例如，智能合约涉及的"了解你的客户"功能与智能预言机包含的身份信息相互作用。又或者，如果警官希望以不与机动车数据库通话的方式核查驾照状态，他们可以检查区块链来获取与有效驾照相关的最新信息，到期日或其他驾驶者相关信息。可以想象到，机动车管理部门可能成为一个智能预言机，并在区块链上公布其数据，以此取代维护昂贵的中心数据库。

　　数据将被加密，唯一能被影响的途径是持有正确的密钥存取数据，而这一过程会更高效并且维护费用更低。①

一个被信任的区块链能实现什么?

　　我曾经提出一个用于记录区块连接触过什么的物理手段。只要想到 ATOM-IC 这个单词，你就会记得每个字母的意义：资产（Assets）、信任（Trust）、所有权（Ownership）、货币（Money）、身份（Identity）、协议（Contracts）。

　　的确，区块链提供：

- 可编程的资产。
- 可编程的信任。
- 可编程的所有权。
- 可编程的货币。

---

① Digital Identity on Blockchain：Alex Batlin's "prediction,"，Alex Batlin，http：//fintechnews. ch/ 803/blockchain_ bitcoin/digital-identity-on-blockchain-alex-batlins-prediction/.

- 可编程的身份。

- 可编程的协议。

这6个概念合在一起将是强有力的催化剂，有助于理解区块链为什么可以被用于任何特殊情形下。

接下来我们详述这些条目。

数字化资产的创造和实时运动

数字化资产能够在区块链网络上被创造、被管理、被转移，而不用遭受现存中介与清算相关的延时。不需要人类或中心数据库的强制性验证的介入，这无疑是一个基础性的创新。

在交易和互动中嵌入信任法则

基于网络中的逻辑规则，而非数据库的准入或中心授权，区块链通过在交易中插入能代表信任的规则，成为促使交易完成的一种新方法。因此，一个新的"信任要素"被创造成为交易中的一部分。

时间戳、权利及所有权证明

区块链允许用文件的时间戳表示权利或所有权，因此提供了不可辩驳的证明，这是加密般安全可靠的。反过来，这样使得各种建立在这些新的、无缝的验证功能之上的应用成为现实。

通过自我约束实现商业逻辑的自我执行

因为验证可以通过区块链的黑匣子实现，并且信任成分是交易中的一部分，所以，最终结果是自我清算交易。清算和资产处置是被融合在一起的。

选择性的透明和隐私

通过加密技术，不用泄露与所有者身份有关的一切信息，使得验证交易中去中心化数据的隐私和安全性进入一个新层面。透明度会揭露商业的道德原则，所以它会被抵制。但是，透明度越高，信任水平也将提高。

抵制单点失败或审查

因为区块链是由几个分散的电脑和资源组成，所以没有单点失败；因此，这样的网络比中心控制的基础结构更有弹性。区块链典型的抗审查性，是因为数据存储的去中心化特性、加密技术以及网络边缘的对等控制。

身份所有权及表述

匿名、假名或者真实的身份，都能在区块链上被唯一绘制，向我们提供能拥有自己身份的承诺，并且不让谷歌或脸书操控它们。

区块链上的身份版本，保证用户能够完全掌控自己的身份。

这个承诺可以导向一个简单、单一、无害的开始指令，使互联网用户跳过迷宫似的入口直接进入，并通过访问点锁定个人信息、进程服务以及数字资产的交易处理。

在最简单的情况下，区块链能够用无法反驳、不可改变的方式证明你的身份是唯一的，因为你的"密钥"即你的身份。如果你因为每种服务都需要密钥，从而需要多个而不止一个密钥时该怎么办？想象你的房子有五把钥匙，基于不同的日期和进入口，你需要使用不同的钥匙。或者，你在世界不同的地方有五所不同的房子，你自然会想出一种保管钥匙的方法。这种情况的确可能发生，但是很累赘。

联机在线时，我们已经挑战过在脑海中，或者在记事本中搜寻多重密码，同时还总担心被潜在的黑客攻击或将密码遗忘。我们将期待以区块链为辅助的身份和进入方案，能帮我们找到比现在更好的解决方案。

在理想世界中，我们在线和离线状态下的身份为什么不能混淆？我们为什么要接受驾照只能在物理情景下（大多数）有效，或网络在线身份（脸书上或其他）在机场安检或银行是无效的。当然，新发行的护照已经开始着手弥补这个不足。当我们在机场柜台扫描护照时，我们通过视网膜扫描完备我们的身份，或者通过其他信息来确定我们的身份。

区块链世界中，有多种寻找身份和个人安全的途径，包括授权我们使用数据和服务。有些是需要新的硬件来解决，有的是基于软件的，还有些是需要通过整合公司间的电子商务（B2B）来解决的。

硬件 类似展现护照或其他政府发行的身份卡片，比如驾照。这类卡片是我们旅行或者驾车的通行证。在区块链上，某些途径也能与生物数据相结合，附加于身份上进行混合鉴定。例如：ShoCard、Case。

软件 最类似于我们用脸书、推特或谷歌注册号登录网站的开放授权式身份验证。但是随着区块链的发展，角色被反转：首先你要自行注册身份，再关联你的社交账户。例如：Netki、OneName、BitIID、Idenifi。

整合优先的 鉴于前两种方式通常是由客户发起的，此部分将从规划现存业务的一体化需求着手。例如：Cambridge Blockchain、Trunomi、uPort、Tradle、Ripple KYC Gateway。

区块链的身份验证计划很有前景，但是也存在不稳定因素。在客户层面，它能否取代脸书、谷歌或推特，从而吸引我们一开始就使用它？在商业层面，它是否能够取代已经根深蒂固的技术，如银行结算系统（SWIFT）的 3Skey 多家银行、多重网络的个人身份识别技术或者马基特（Markit）的"了解你的客户"？

对于基于区块链的解决方案，简化需求和延展至大量用户的门槛是很高的。它们要与上百万的谷歌用户、脸书用户和推特用户，或者上千家使用银行清算系统或马基特的金融机构相对抗。

当然，区块链产业有其自己的解决办法。为什么我们每次注册一个新的加密货币交易都要经受"了解你的客户"系统的重复流程？让我们在现实世界里不再犯同样的错误。

当涉及区块链方法的实施和改进时，有如下几个问题和疑问：

客户问题

哪一类应用将推动这些新的身份表达形式？在脸书和谷歌的世界里，具体的应用（例如，社交媒体或文件存取）推动我们的使用。但是在区块链上，大多数身份解析方案提供者只急于提供解决方案，忽视了将解决方案嵌入应用，而正是这一步才是提高使用量的关键。

- 一个线上自我管理的个人身份层级，能否替代当前的，使用脸书或谷歌来鉴定身份和信息的实际流程？
- 用户会喜欢自我管理更高水准的安全规则和准入水平所带来的复杂性吗？
- 在身份背景下，便携性真正意味着什么？它能用于管理多重身份吗？它将变成密码管理一样的噩梦吗？

- 保护机密性交易和个人隐私的零知识技术的角色是什么？
- 智能手机的角色是什么？就像它已经成为我们的数字钱包一样，它会成为我们的"数字护照"吗？

商业考量

如果我们丢失信用卡或者私人密钥会发生什么？一般用户自我管理数据存取，能像他们保护家中财产一样被信任吗？例如：

- 我们是否需要一些新类型的证书认证，为这些身份系统的认证许可做准备呢？
- 我们能绘制出更细致颗粒度的信息流程，从而使得点对点安全交易规则能够替代以防火墙为基础的解决方案吗？
- 与当前实行的"了解你的客户"有何关联？这些新的身份解析方案会为反洗钱或反恐行动提供一个更安全的屏障吗？
- 能吸引更多的用户或业务应用吗？
- 为使全面部署这类解决方案能够实现，是否需要解决法律或法规上的束缚？

道德问题

习惯的改变是技术能否被接受的最大障碍，在这个领域也没有不同。然而，我们不确定数字化身份的整体迁移是否将会导致滥用或减少摩擦，以及用户契约的全面增长。

- 数据和身份分离是一件好事吗？它会创造出多重虚假身份以及令人

厌恶的角色吗？

- 交易历史会怎样影响我们的声誉？我们的在线声誉评估会变成新客户一样的信用分值吗？

- 匿名是一件好事吗？会为了达到蓄意的目的而滥用昵称吗？

- 能否打开市场促进金融包容，又或者将接受门槛提得更高呢？

分布式数据安全

如何平衡数据、身份及基于交易的隐私和安全，是一个两难的问题，而区块链提供了一些解决方案。

我们已经看到大型中心机构的安保和隐私的缺陷，以至于我们开始怀疑网站或大型数据库事实上不再安全。客户信息和公民的隐私，以及交易信息会被损害，并对应用数据和在线身份的安全性带来深远影响。

让我们进入区块链和以它为基础的去中心化应用吧。它们的出现为数据安全带来潜在的解决方案，这是因为密码型安全的加密术是区块链应用的标准组成部分，特别是与数据相关的部分。默认情况下，一切都被加密。凭借信息构造单元的去中心化，每个用户可以拥有其私人数据，同时，中心数据库将更少地遭受数据丢失或裂变的攻击，因为它只储存加密信息和分配遍布网络的存储位置的代码指针。所以，黑客无法再造或弄清他们手上已获取的部分信息。至少，理论勾勒出了这一美好愿景，而且正在逐步变为现实。

在去中心化技术的新世界里，安全、隐私以及数据所有权需求是设计构想中的一部分，而非事后添加的事物。它们是首要的第一步。

但是区块链并不完美。它们也会体验到安全性能的挑战，这是由于其内部固有的设计与如下三个关键领域有关：

- 区块链上的一致性引擎。
- 分布式计算结构。
- 点对点客户。

公共区块链的一致性是公开完成的，理论上会遭受众所周知的"女巫攻击"①（尽管还没有发生）。去中心化计算处理构造趋势是需要一个新的、不同于传统网络构造的应用设计和编写。最终，每次下载一个"听从"于网络的软件客户端到你的电脑或智能手机上，你都可能暴露在安全风险之下，除非它被完美地执行。

我们也要了解，物联网也受制于潜在的安全缺陷，因为潜在的缺陷正被从中心推向边缘，那些有计算资源的边缘。

幸运的是，一些解决方案已经在实行中了，例如私有区块链、零知识验证和环签名，但是在我们这本书的范围里将不涉及这类技术领域。

另一束亮光是，我们不必重复研发去中心化式安全、分布式数据以及如何编写分布式应用，因为已经存在一些全新的平台，它们的核心贡献就是提供以上基础构造。

假如你是开发者，未来可能的影响如下：

1. 在你编写应用时，安全数据内嵌其中。
2. 分布式用户数据会保护它。

---

① 女巫攻击（Sybil attack）：指一个恶意的设备或节点违法地以多个身份出现，这种模仿多个身份的攻击被定义为女巫攻击。——译者注

3. 学习区块链和去中心化技术。

4. 在新的薄云结构上写智能合约（没有服务器）。

5. 为你的客户重新考虑身份所有权。

安全和隐私需要被纳入初始设计构想中，不再是事后添加的事物。

匿名和难以追踪的通信

区块链通过选择实现用户匿名性，这对于监管者和财务报告当局来说是最恼人的特点，特别是在消费领域的应用。他们首先联想到的就是洗钱、非法贸易，以及与恐怖主义有关的活动，通过这些活动，用户可以隐藏在虚假身份背后，在被发现之前在此范围内隐藏一段时间。显然，这不是公共区块链或去中心化应用程序的运行和设计目标，尽管对于正常人来说，这是一种极端情况，它们仍可能被政策制定者和政府机构视为严重的漏洞。

抛开这种可能的暗中保护罪犯和与不良行为有关联的潜在风险，在某些情况下，出于正当合理的原因，不可追踪的通信是可取的。

戴维·肖默（David Shaum），数字货币和隐私保护技术的创造者，曾经说道："对于质询自由和表达自由而言，不可追踪的通信是必要的，可以增加一般性网络隐私，包括个人通信。为满足这些需求，系统应该支持，最好是一个组合的匿名性装置，最常见的用例：聊天、照片/视频共享、热点追踪、搜索、发帖和支付等潜在匿名认证的所有不同类型。"

1994 年，《失控》的作者，凯文·凯利（Kevin Kelly），这样写道：

> 一个良好的社会需要更多的匿名性。网络文明需要匿名，在线识别、在线身份证明、名誉、网络信任、在线签名、网络隐私，以及在线访问，所有这些都是开放社会的基本元素。

令人沮丧的是，直到 2016 年，我们仍然落后于"更好的、开放的网络社会"这一愿景。区块链可以为此提供帮助，因为已经有太多的网络公司聚集在一起，绑架了原本可以更为分散的服务。

我们希望有一天，我们可以有效协调匿名性和问责制的要求，在两者之间取得良好的平衡，"恶人"可以被驱逐出网络，同时为广大"优秀"用户保留正常操作流程。[①]

作为云的区块链

区块链还可以被视作共享的基础设施，如公共事业。如果你在思考现今的互联网基础设施是如何被支付的，实际上我们通过每月向互联网服务提供商支付费用来补贴它。随着公共区块链的激增，我们开始在此基础上运行数以百万计的智能合约和验证服务。我们还可以通过以交易费用的形式支付小额交易、智能合约通行费、捐赠按钮，或者按次计费方案进行资助。

---

① PrivaTegrity – David Chaum's Anonymous Communications Project, Securityweek, http：//www. securityweek. com/privategrity-david-chaums-anonymous-communications-project.

区块链就像是分布式云中的虚拟计算机，是虚拟的，不需要设置服务器。无论谁都可以打开区块链节点，运行服务器，而不是只有特定用户或开发人员。

所以，区块链就像计算机网络的基础设施。有了这样的想法，我们可以很容易地想象计算机程序是如何在这个新的基础设施中运行的。

但是我们不应该按照字面意思将区块链类比为云计算。区块链基础设施没有取代云计算，它对云计算进行分类，并扩展其中一部分。

更有可能的是，区块链基础设施类似于云计算基础设施的一层。如果按照字面意思，将功能与典型的云服务对比，如亚马逊网络服务或数字化海洋，区块链虚拟机器可能太过昂贵。但是它们对于智能合约来说是有用的，因其可以在区块链的虚拟机器或去中心化应用上运行自己的逻辑，这也被称为分布式应用（Dapps）。作为旁注，在区块链过于昂贵或缓慢的场景下，未来客户端节点也可以直接互相通话。

当你在云中运行一个应用程序（如在亚马逊网络服务或微软 Azrue），你可以依据时间、存储、数据传输和计算速度需求来付账。这个虚拟机器的新颖之处在于，你是为区块链上运行的业务逻辑而付费的，区块链则是在物理服务器上运行（在现有的云基础设施上），但是你不必担心这些服务器的设置，因为它们由其他用户管理，而且这些用户已经通过运行基础设施挖矿而得到了报酬。

因此，区块链云有一种与传统的云计算堆并行的微观价值定价模型，但是基于一个新层面。它不是一个云的物理拆分，而是在平行且轻量的云上构建一个新的分层，以密码学为基础，实现交易验证和状态迁移记录。

但在这个新的基础设施上运行应用程序是一项挑战：你需要做一些功课。这项工作是坚持一个新的去中心化应用的范式形式，有一个新的层次结构，被嘉文·伍德（Gavin Wood）称为"Web 3"。[①] Web 3 是一个为在区块链内运行而设计的架构。以以太坊为例，一个 Web 3 架构主要包括：（1）一个作为客户端的先进的浏览器；（2）一个共享资源的区块链账簿；（3）一个计算机虚拟网络，该网络通过去中心化方式，也就是与能够清算交易或者切换价值的区块链共识引擎的相互作用，来运行智能业务逻辑程序。这种新的范式实际上为将来基于密码学的去中心化计算指明了发展方向，也是现有网页应用程序架构的一个变种。在现有架构下，Javascript 脚本在浏览器中运行，而服务器端的代码则在公司的服务器上运行。

在更大的背景下，会发生什么？让我们展望一下。我们正在目睹不同技术级别的层级减少：

- 现在应用程序编程接口（API）来自一个受密码保护的公共基础设施（区块链）。
- 区块链被用作一种新形式的数据库，例如作为永久存储分布式哈希表（Distributed Hash Tables，简称 DHT）上不变密钥（或哈希值）的地方，分布式哈希表又可以指向存储在链下的更大的数据值。
- 一种新的浏览器将允许用户启动去中心化的分布式应用，不仅仅是 Web 页面（例如来自以太坊的 Mist 钱包）。
- 万维网的原始超文本协议可以扩展为一个新的超媒体协议，星际文件系统（Inter Planetary File System，简称 IPFS）。这是一个点对点分布式文件系统，它可以连接所有具有同一文件系统的计算设备。
- 合同法被削减，例如通过李嘉图合约跟踪一方对另一方的责任（比

---

① Less-techy：What is Web 3.0, Gavin Wood, http：//gavwood.com/web3lt.html.

如，OpenBazaar 正将此应用于其点对点电子商务协议中）。

对大型企业而言，这也同样寓意深远。业务用户不必寻求 IT 部门的许可，就能在开放的区块链上运营自己的智能合约、P2P 应用程序，以及其他分布式应用。这类似于软件即服务（Software-as-a-Service，简称 SaaS）应用模式，它允许员工自行注册服务，同时不会扰乱公司的基础设施（直到需要执行一些集成的时候）。

这种新形式的 SaaS 之所以能成为可能，是因为一个新的基础设施层能通过获得点对点和费用分摊基础的支持而产生。而且更有可能的是，这种新的计算基础设施的成本，以人均使用计算的话，将像今天上网一样廉价。如果是这样的话，应用程序的发展前景将更诱人。

对于用户和开发人员来说，薄云代表自由和灵活性。它允许任何人在不必担心基础设施设置的情况下，就可以创建自己的针对所有权、商务、合同法律、交易模式、状态转换功能的业务逻辑。

作为区块链基础设施的结果，薄云必须要被我们完全接受，并且我们必须结合在其上运行的创造性应用程序来进行革新。

数以百万计的区块链

在 1994 年网络出现时，网站还是新鲜的事物。直到大约 1998 年，我们才有拥有或没有网站的财富 500 强企业名单的记录。大多数公司都需要耗费至少三年时间才能接受网站。那时，很多这些早期的网站因为更像美化的小册子或信息单而受到批判，只有亚马逊作为少数几家公司之一，真正在互联网上开展业务。

我们快进到 2016 年及以后。形象地说，区块链将会成为新的网站。是的，区块链是令人讨厌的（挑战就是为了将这种讨厌去除），但每个公司一定会拥有或参与各种各样的区块链，无论它们是私有的、半私有的或公共的。

类似于网站的使用，公司可以采用熟悉的渠道方式来提供一系列的区块链服务，促进新用户加入，同时还可以展示区块链的功能。

第一步涉及从你当前运营的业务开始，发掘能够适用区块链的地方。就像你的第一个网站，问题是，"我们能发布什么信息？"有一些最初的问题你可以试着最先回答，以此来发现潜在的、与各种可能的点对点价值交换服务有关的区块链用例。

当中本聪于 2009 年释放出第一个比特币区块链代码时，它只由两台电脑和一个代币组成，这几乎是不可想象的。然而，它不断壮大，因为任何人都可以下载一个软件程序并在联网后成为可以运行相同代码的同一节点。它继续前进成为一个自主增长型的网络。这就是公共区块链是如何壮大的。

比特币是第一个公共区块链，它激励了许多人。以太坊是另一个主要的公共区块链，它迅速地发展，使自己成为第二、多重目的的公共区块链。

公共和私有区块链之间的主要差异之一是，公共区块链通常有一般性的目的，并且使用更便宜；而私有区块链则有些更特殊的用途，它们的造价更昂贵，因为成本仅由少数的所有者全部承担。我们也期待特殊用途公共区块链的出现，例如，承诺完全隐私性的 Zcash。

随着公有、私有、半私有、特殊目的以及其他类型的区块链的增长扩散，数以百万计的区块链世界将会实现。

Ⓑ 第 2 章要点

1. 区块链对实现交易型信任提供了一个新的范例。我们应该开放思想，接受能够取代人工验证的，由机器计算而实现的信任。

2. 通过增加必要的透明度实现信任，即共享身份和声誉信息。

3. 证明区块链为已经发生的某些事物服务。随着信息搜寻路径的竞争，将有上百万诸如此类的实例出现。

4. 匿名、身份、分布式数据和安全性，这些发展中的事物非常适合区块链。

5. 智能合约和智能财产是区块链运作时的关键基础结构，它们展示应用程序及潜在价值。开发者们抢先创造出基于智能合约的应用程序，而没有对学习掌握区块链内在元素的困扰。

第3章

困难、挑战和心理障碍

THE BUSINESS
BLOCKCHAIN
Promise, Practice, and Application of
the Next Internet Technology

面对变革之风，有人砌围墙，有人转风车。

——中国谚语

曾经，一位年轻人去见一位智者，并对智者说：

"我是来寻求帮助的，因为我饱受精神折磨，而且曾想过轻生。每个人都告诉我说我是一个失败者，一个傻瓜。我恳求您，大师，帮帮我！"

智者看了看这位年轻人，急忙回答说："原谅我，我现在很忙，不能帮助你。我需要处理一件十分紧急的事情……"他停下片刻，思考了一阵，又补充道："但是如果你同意帮助我，我将很乐意回报你。"

"当……当然，大师！"年轻人喃喃地说，但他担心的是他将又一次被忽视。"很好。"智者说，并从他的手指上摘下一枚美丽的宝石戒指。

"骑我的马去市场！我急需把这个戒指卖掉以偿还债务。试着卖出个好价钱，不要低于一个金币！现在就走，尽快回来！"

年轻人拿着戒指起身就走。当他到达市场时，他向许多商人展示了戒指。他们都怀着极大的兴趣检查戒指。但是当他们听到这个戒指只能用金子来交换时，他们完全失去了兴趣。一些商人嘲笑这个年轻人，其他人直接就走了。只有一个中年商人向他解释道，这个戒指卖一个金币太贵了，估计能卖一个铜币，最好是一个银币。

当他听到这些时，年轻人变得十分沮丧，因为他记得智者的嘱咐：不要低于一个金币。走遍了整个市场，见了上百个商人之后，他感到极度失望，但最终还是回去见智者去了。

"大师，我没能完成您的要求，"他说，"我最多能卖几个银币，但是您告诉我不要低于一个金币！他们告诉我这个戒指不值那么多。"

"那是非常重要的一点，我的孩子！"智者回答道。"在尝试卖一枚戒指之前，要想知道它的价值到底有多少，这不是一个坏主意！但谁能比珠宝商估价更准？找到他并询问他给出的价格。但不管他给你多少钱都不要卖给他！直接回来。"

年轻人又一次跳上马背，去找珠宝商。珠宝商用放大镜检查了很长时间，然后在一组微小的天平上称量戒指。最后，他转向年轻人并说道：

"立刻告诉你的主人，我最多给58个金币。但是如果他给我一些时间，我将支付70个金币。"

"70个金币?!"年轻人惊呼道。他笑了，谢过珠宝商之后立刻去找智者。当智者听到此事后，他告诉年轻人："记住，我的孩子，你就像这枚戒指，珍贵而独特！只有真正的伯乐才能发掘你的真实价值。所以你为什么要浪费你的时间穿梭于市场来留意一些不识货人的想法呢?"

这则寓言暗示了比特币、数字货币以及区块链技术所面临的问题与困难。在获得合法性和普遍认知的过程中，它们遭遇了许多忽视，没有得到应有的重视，从而它们的价值被低估了。

在被广泛接受之前，区块链将会遇到阻力，将会被误解甚至被抛弃。本章在这本书里是忧郁的一章。如果你阅读完本章，你将觉得区块链永远都不会成功。希望你不会在"傻瓜市场"中将它低价卖出，就像寓言中所说的一样。

是的，目前还存在许多未知和挑战，但是在互联网产生的早期（1994~1998 年），我们有同样的盲点和不确定性。15~20 年之后，人们对于互联网的认知就彻底改变了。人们普遍认为，在互联网上几乎没有什么是不可能的。你可以查到任何信息。这可能就是网络思维，但在早期的几年，这种程度的市场渗透力是不可想象的。

当前的区块链充斥着一半的关注与另一半的冷漠。互联网已经成为一个美好的工具，因为关注超过了冷漠。但是这并不是偶然的，也不是人们一时脑热，更不是仅依靠时间就能实现的。这是因为早期的市场参与者能够识别互联网商业化所带来的挑战，并且一个一个地解决，从而使得使用互联网的障碍越来越小，机会变得越来越大。

在 1994 年前后，开始了其早期的商业化进程，我是通过商业网（CommerceNet）观察到的。那时互联网的唯一目标就是排除应用障碍，推广其愿景，并告知公众其优势。当时，技术、教育、法律以及监管措施促进了互联网的早期发展。毫无疑问，区块链将重演互联网的发展历程。

影响区块链的框架方法

让我们通过催化剂 – 障碍 – 解决方法（Catalyst-Barrier-Solution）的框架视角，来对区块链进行整体的梳理。该框架包含对催化剂的准确描述：

商业驱动力和技术推动力。之后，我们可以引入相关的问题，包括技术、商业/市场、法律/监管，以及行为/教育方面的挑战。最后，我们必须一个一个地解决这些问题。

　　我们不应该心存任何侥幸。如果我们忽略了这些障碍背后的问题，那么这些问题并不会凭空消失。我们需要在正确的方向有所进展。

　　这个框架背后的信息有助于我们关注到什么是重要的。当商业驱动力显著之时，当技术推动力蓄势待发之时，以及我们找到解决方案之时，进步就会发生。

关注区块链成功的框架

商业驱动力		技术推动力
技术挑战		行为/教育挑战
商业/市场挑战		法律/监管挑战
解决问题的办法		

　　下面的表格列出了 4 个方面所面临的挑战：

技术	商业/市场
• 欠发达地区生态基础设施 • 缺少成熟的应用 • 缺少开发者 • 不成熟的中间件和工具 • 可扩展性	• 将资产转移到区块链 • 项目理念的质量 • 足够多的用户 • 初创公司的质量 • 风险资本

（续表）

• 遗留系统 • 利用数据库进行权衡 • 隐私性 • 安全性 • 缺乏标准	• 数字货币的波动性 • 方便新用户 • 较少的标杆应用公司 • 没有足够的合格个体 • 成本问题 • 创新者的窘境①
行为/教育	**法律/监管**
• 缺少对于潜在价值的理解 • 有限的执行视角 • 改变管理 • 信用网络 • 缺乏实践 • 较低的可用性因素	• 不清晰的监管 • 政府的干扰 • 合规要求 • 炒作 • 税收和报告

技术挑战

软件工程师和科学家擅长应对技术挑战。无论有多么困难，他们都将尝试去解决这些问题。

欠发达地区生态基础设施

作为起点，每一个区块链都需要自身的技术基础设施以及一个充满活

---

① 这是克莱顿·克里斯坦森（Clayton Christensen）的著作《创新者的窘境》一书中的一个术语，它指出成功的公司过于强调客户的现有需求，而没有采取新的技术或商业模式。https：//en. wikipedia. org/wiki/The_Innovator%27s_Dilemma。美国行政部门列表，https：//en. wikipedia. org/wiki/List_of_U. S. _executive_branch_czars。

力的生态系统，这需要许多的参与者来提供支持。在技术方面，协议本身
是一个最低要求，并且它需要通过软件工具和服务来放大其功能。以技术
为核心的生态系统，直接影响着区块链市场的进程。

就像整个网络作为一个生态系统一样，区块链生态系统将遵循同样的
发展道路，产生网格化的互联式区块链。然而在此期间，该生态系统感觉
就像管弦乐队中一些声部消失了一样。

一个充满活力的生态系统应该在以下方面均包含众多的参与者：

- 完整的技术堆栈，包括基础设施、中间件和软件应用。
- 通过创造新产品和开拓新市场来进行创新的初创公司。
- 为企业提供终端到终端的解决方案和服务提供商。
- 与企业家和科学家一同承受风险的基金和风险资本。
- 倡导者、名人、分析师、志愿者、支持者以及地方社区。
- 研发核心技术以及扩展技术的开发者和技术专家。
- 乐于尝试新产品的使用者，包括消费者和企业客户。

缺少成熟的应用

当新的基础性技术产生之时，需要花一些时间来消化新的应用。我们
花了很长时间才能看到雄心勃勃且充满创新的网络应用，并且许多早期的
项目并不是创新的，它们只是试图复制已经完成的项目。尽管如此，复制
是很好的第一步，因为当期望成功的可能性不高时，它可以使人们获得
经验。

一个极端的情况是，几乎任何软件应用都可以被一些区块链所改写，
但这并不意味着这是一个好的做法。

也许 2016 年对于区块链就像 1995 年对于网络应用一样。在那时，Java 虚拟机（Java Virtual Machine，简称 JVM）还不可用，但是当它可用的时候，它带来了如雪崩一样来势汹汹的机会，并且让创建大量网络应用变得更加容易。Java 计算机编程语言的到来，意味着无论计算机是什么体系结构，Java 应用都可以运行任何 Java 虚拟机。一些区块链，如以太坊，拥有一个类似的"虚拟机"功能，它允许在不要求开发者意识到内在计算机体系结构的前提下，就在区块链中执行程序。

另一个对区块链的批评是它缺少所谓的"杀手级应用"，这种应用应该激发用户指数级的使用数量。我们期望可视化的应用来作为指路明灯。但是还存在另一种观点，区块链支持几个杀手级应用，而不是仅仅一个。对于后者，众所周知的"长尾"市场特征将流行起来。

缺少开发者

需要成千上万的软件开发者来通力合作。到 2016 年中期，大约有 5 000 名开发者致力于编写数字货币、比特币和区块链的软件。[1] 也许还有另外的两万名工程师已经涉足一些相关技术，或编写各种可以使区块链相连接的前端应用。以上这些数字对于世界范围内 900 万的 Java 开发者（2016）[2]，与 1 850 万的软件开发者（2014）[3] 来说是苍白的。

幸运的是，区块链的编程语言类似于许多流行的编程语言，例如 Java、JavaScript、C + +、Node. js、Python、Golang 或 Haskell。[4] 这种编程语言上

---

[1] Author's sample survey of market leaders，April 2016.

[2] Java，https：//en. wikipedia. org/wiki/Java_%28programming_language%29.

[3] IDC Study，http：//www. infoq. com/news/2014/01/IDC-software-developers.

[4] 这些是流行的编程语言。

的类似性将有利于编程者参与区块链技术的开发。

哪些因素将会增加开发者的数量？

- 提高公众对区块链的认识，从而使得市场产生更高的兴趣。
- 流行的认证程序，例如数字货币认证协会（CryptoCurrency Certifica-
tion Consortium，简称 C4）。[①]
- 提供该领域正式的学术学位，例如尼科西亚大学塞浦路斯分校提供
的数字货币科学硕士。
- 由区块链提供商提供培训。

不成熟的中间件和工具

区块链的中间件和软件工具是非常重要的。中间件就像区块链基础设
施和应用间的黏合剂。软件开发工具大大方便了整体软件开发项目。

直到 1998 年，编写网络应用程序并不容易，并且需要手工将软件进行
整合。在那期间，在网络应用部署方面还存在一些困扰，其中包括缺少强
有力的交易管理以及与国家相关的能力、可扩展力、部署力、应用管理能
力，当然还有安全性。随后，美国网景公司（Netscape）提出了著名的一
体化"网景应用服务器"。这是一种软件功能集成套件，囊括了多种必要
的组件和工具，能够做到开箱即用。这种简便性对程序员来说无疑是一种
福利，如鱼得水一般，从而能够使程序员仅专注于网络应用的编写，而不
再担心如何整合所需的配件以及兼容性问题。早期的网景时代体现了现代
网络应用结构的开端，而且其精髓延续至今。

---

① https：//cryptoconsortium. org/.

一个完整的、开箱即用的产品，能够保证简化区块链的安装、开发以及部署等相关操作。如果看到这样一种产品诞生了，那么我们就知道一个新阶段开始了。

可扩展性

区块链的可扩展性是一个持续争论的问题，尤其关于公开性的比特币区块链。可扩展性背后存在的挑战是双重的：

1. 任何技术的扩展方式都是多种多样的，而区块链也是一样的。工程师们对于扩展方式的最优方案似乎不能达成一致，因此这可能会引发长时间的讨论，并拖延实施计划。
2. 就像2016年，区块链扩展性的一些方面仍然需要进行系统的研究，这是由于这个新领域更接近于前沿领域的边缘。

扩展技术体系是一项永无止境的挑战。它的目标需要与时俱进，因为人们的需求是随时变化的。换言之，你不必解决一个已经不复存在的问题。你通常需要在问题到来之前就解决它。当你只服务于1 000个用户时，你不会设计一个为100万用户服务的解决方案。

参考一下互联网，在其发明之后的30多年，我们始终在设计和改善网络本身的可扩展性。放眼于2020年，那时不再像1983年或1995年那样，5 000万节点已不再是一种设计难题。对于现在，网络规模飞速发展，已跨越数十亿的用户，我们将会更加轻松地应对下一个可扩展性目标。

从概念上来讲，扩展区块链的方式不会比继续扩展网络的方式有所不同。我们拥有许多具有智慧的工程师、科学家、研究者以及设计者，这些人将迎接挑战并将战胜这些挑战。

分布式和安全性二者需要保持平衡，这项要求使得区块链的扩展更加复杂化。分布式网络带来了新的经济模式，而这种经济模式与其安全性密切相关。对于这种网络进行扩展，是一个从未尝试过的新前沿。

遗留系统

企业的遗留系统（legacy systems）通常存在两个问题：

1. 现存应用集成。
2. 明确需要替换的部件。

对遗留系统或其他应用进行技术集成，通常是一项 IT 技术挑战。因此，较为容易的方式是开发独立于现存系统的用例（use case）[①] 和项目，这样至少在初期阶段可以避免集成所带来的噩梦。

利用数据库进行权衡

理解涉及数据库和区块链的权衡与选择是十分关键的，而且需要不断完善。这首先需要清晰地理解每种方法的优缺点（见第 1 章和第 2 章）。

发现区块链的擅长之处，并将所派生出的优势与后端数据库或现存应用紧密结合，这需要找到一个合适的平衡点。这个过程就像寻找魔法一样，需要你不断去寻觅。我们会一直研究这些界限在哪里，并且像钟摆一样，时而向一方摇摆，时而又朝向另一侧，直到最终找到一个中间点。

除此之外，另一个问题是存储区块链数据用以交易、回顾、分析以及提供合规报告。

———————————

[①]　用例是一种用于描述系统需求的方法。——译者注

隐私性

在公共区块链中，任何交易可视化的默认模式都是公开和透明的。这意味着任何人都可以跟踪交易路径，包括持有量以及初始和最终地址。这种透明度再不适用于私有区块链。然而，现在通过加密就有可能实现交易的机密性，并且利用零知识验证（zero-knowledge proof）方案也可能完成身份匿名。

安全性

区块链安全性问题将会是永恒的话题。我们始终采用通过达成共识的方式（无论通过何种形式来达成共识）来完成交易，而不是采用一种更具有确定性的"数据库提交"方式。

大型组织机构，尤其是银行，对采用公共区块链来满足它们的网络需求并不感兴趣，这是由于公共区块链存在安全隐患。对于公共区块链安全问题的技术争论，会使你对于潜在的情形容易心生疑云，从而妨碍交易的完成。尽管这种争论可能对它们的安全性有所帮助，但这种恐惧足以形成一种震慑，使得它们不采用公共区块链。

缺乏标准

有一句谚语：标准的好处是有很多标准可供选择。在早期，区块链技术面临截然相反的问题。

通常，标准通过两种方式形成。一种是由市场适应形成实际标准，另一种则是通过标准委员会或者协会组织从而发展并形成先验标准。

标准会带来很多好处，包括一些网络效应，更便捷的互联互通，实现知识共享，降低潜在成本，以及规避总体风险。标准适用于不同层面的技术性平台与相关进程领域。

然而，标准存在一些问题。一般来说，你不能对抗标准。它们倾向于建立一个公平的竞争环境，公司通过执行这些标准来实现竞争。你的竞争优势要么来自你的执行速度，要么来自你超越标准的创新力。区块链将为标准的使用提供同样的机会和警示。标准是一个必要但不充分条件。

商业/市场挑战

一些市场和商业挑战是宏观的，而其他的更多是微观的。

将资产转移到区块链

区块链是一条转移资产的超高速铁路。但是，目前的首要挑战是将火车放在铁轨上，之后它才能开始跑。你可以直接在区块链上创建新的资产，也可以在上面转移资产。虽然开始创建新的资产是比较容易的，但每一个步骤都会进行不同的考虑，因为在开始时你不需要担心与现有系统的整合，但之后就不同了。

项目理念的质量

首次经历很重要，但如果你的首次尝试没有得到可观的回报，那么也许这些项目的质量和愿景可能是有问题的。如果项目开展和预期都非常谨慎，那么回报也就不会太高。

足够多的用户

这适用于消费者以及 B2B 市场。许多消费者应用程序需要成千上万的用户使用，上百万用户则更好。在 B2B 方面，你需要得到位于区块链中价值链上的所有成员的信息，这样才能开始得到回报。而这是需要时间的。

初创公司的质量

区块链初创公司与其他高科技初创公司没有什么不同。它们将尝试各种质量的项目，最后只有少数能成功地开始运作。即使 90% ~ 95% 的初创公司都没有成功，但大量的初创公司是生态系统有活力的标志。失败的初创公司会缔造富有经验的创业者，这让他们在之后的工作中表现得更好。无论新风险的最初质量因素如何，我们都应该为初创公司的高实用性欢呼。

风险资本

区块链技术应用中的孵化、生产和加速创新的根本是获得风险投资。专业的风险投资人精通于为风险投资，并支持企业实现它们的目标。我们希望风险基金对区块链初创公司的投入会逐步增加，这将是一个健康的标志。

除了风险资本，通过自发行数字货币或数字令牌（crypto-tokens）来进行众筹，也是获取资金的一种选择。这种方式要承担一些风险和不确定性，这是由于外部问责控制水平较低。虽然在某些情况下可行，但该方法的成功率不如风险创投基金高。

数字货币的波动性

数字货币的波动性是一种对使用和信心的威慑，但人们预期其波动性将随着数字货币技术的成熟以及市场接受度的提高而趋于稳定。劣质的参与者以及投机商对数字货币整体健康程度的影响将越来越小，最终他们的占比将会很小。

方便新用户

大多数用户不能应付与日俱增的使用程度的复杂化，尤其当底层技术很复杂的时候（比如区块链）。早期的区块链应用没有很好的用户体验度，但最终，用户将无感于在他使用的背后是受到区块链支持的。

较少的标杆应用公司

亚马逊和 eBay 的区块链在哪里？这类公司已经成为标杆，因为它们是第一个验证点，在其中你可以在区块链上建立可行的商业模式。我们需要见证这样的公司的出现，并看到它们通过市场的认可来实现成功。

没有足够的合格个体

将数千名员工转变为有经验的区块链倡导者是需要花一些时间的。机构内部大量的内部支持者和专业人士也是必需的，因此他们可以未经许可就进行各种各样的区块链试验并找到解决方案，这就好比，网络应用和思维已经成为大多数企业的第二属性。

成本问题

涉足区块链技术不是很昂贵的，因为其中大部分是通过开源许可，这是完全免费的。然而，全面实行将承担额外的成本，而这与典型的信息技术相关的项目和部署的成本是不一样的。一些首席信息官（Chief Information Officer，简称 CIO）可能不愿意对其预算施加压力，直到他们看到了早期的投资实现了回报。

创新者的窘境

进行商业模式创新是很困难的，因为你通常试图要考虑一切，这就使得许多可能性变得不可能。如果你的业务是基于信用的（例如结算中心），那么这尤其重要。如今的中介机构将面临最艰难的改变，因为区块链触及它们的核心价值。它们需要进行创新，需要敢于打破自身的局限，并需要创造性地开发新价值元素。它们应该意识到最好自己举起石头砸自己的脚，而不是让别人拿石头砸自己的头。这不会是一个简单的过渡，因为对于大型机构来说，有许多因素致使改变商业模式是极其困难的。

法律/监管障碍

一般来说，监管者和政策制定者使用 3 种方法来应对新技术：

1. 什么都不做，使市场自身进行发展、成熟。
2. 控制瓶颈。例如，这些瓶颈可能是需要获得许可的数字货币交易所或软件提供商。
3. 在交易点或某个地点进行自动监管。这可能需要为通过后台来获取直接数据报告预留空间，以信息通道或者直接在交易上推导的方式。

不清晰的监管

只要监管者的位置不明确，那么对于每一位身处区块链中的人来说，就会存在混乱与不确定性。区块链是一个了不起的技术，影响了许多领域，而且不同偏好的监管将来自各个方面。这会增加混乱。就像互联网早期只是默默地在发展。不干涉区块链技术，直到其发展成熟，这将是明智的做法。

对于区块链的监管终将会到来，但晚比早要好。监管者需要看到的一个根本性的范式转变是如今的信任更加开放，而且监管者通常要监管"不受中央控制"的人。信用的本质正在发生变化，但是监管者已经习惯了监管"信用提供商"。当信用提供商是区块链，或者是一种新型的不符合以往中心化瓶颈监管模式的中介时，监管者能否学会调整？具体来说，区块链从本质上是分布式的，因此比起中心接口来说，很难对分布式的接口进行监管。所以，我们需要看到监管方面的创新。也许区块链可以得到认可。

值得注意的是，以汽车为例，尽管它已经产生了一百多年，但我们仍然在一些方面对其进行监管，例如白天也要自动打开车灯、强制系安全带，或者对二氧化碳排放水平的限制。在汽车工业的起步阶段当然没有这些规定，但是经过多年的摸索，这些监管制度就应运而生。想象一下，监管者在福特 T 型车问世之后的两年（1910 年）就要求自动日光传感器或者充气气囊。人们不仅没考虑到这些需求，而且也没有发明出这些背后的技术。因此，这个例子告诉我们的是，当一项新技术处于起步阶段时，我们并不知道我们到底要监管什么。

政府的干扰

以比特币为例，一些国家的政府对这种没有主权国家机构支持的货币持谨慎态度。在比特币产生的早期几年，一些国家和中央银行发出对其的官方警告，其中包括俄罗斯以及欧盟。区块链不是比特币，然而区块链允许数字货币的产生与分配，当然也包括具有实际价值的资产。区块链的运行将会继续受到政府审查，直到政治家以及政策制定者对其产生好感。

政府可能会向市场、政策制定者以及执法机构发出错误信号，而这些机构都是政府的代理人。过于严厉的政府行为将加剧区块链技术中私人部门领导行为发生短路的风险，而它是促进创新的重要部分。当然，政府监管可能适用于消费者保护以及某些其他标准水平，但是早期的干预通常是有害的。

合规要求

为了保持最新的法律法规，合规是一个重要的行为，尤其对于每年都要花费数十亿美元的金融服务提供商来说。

合规与非合规都是要通过计入管理费用来侵占利润。在一些领域中，合规能够提供一些突破口，这其中包括：

- 接受支持数字货币的令牌作为实际价值。
- 识别通过区块链完成的交易。
- 允许对智能合约进行必要的法律联系。
- 允许通过区块链验证 P2P 交易对手的身份。

炒作

很难说清哪些因素导致了炒作。有时对炒作的认知就像炒作本身一样具有破坏力。虽然市场几乎总是过分看重炒作的预期，然后又将其拉回到现实，但过度的炒作对新技术的传播是有害的。炒作的最常见形式通常来自那些进行过度炒作的技术提供商。

税收与报告

早期的区块链平台专注于交易，而不是报告。然而，这些平台将需要更好的税收和报告能力，使得它们的输出能被输入传统的会计系统中。解决方案不久便会产生。

行为/教育挑战

缺少对于潜在价值的理解

缺少对于区块链基础功能的综合理解，将阻止发掘其潜在价值的有益实践。只有通过共同努力去普及区块链及其发展潜力，才能解决这一问题。这也是我写这本书的动力。

有限的执行视角

一些高管仅仅会看到他们想要看到的，如果不是因为他们没有花足够的时间来研究区块链，那也许是因为他们害怕学习区块链，因为还要去适应它。人们确实需要花一些时间来充分理解区块链的许多可能性。对区块链有所恐惧的高管将束缚其适应现实的视野，这就是典型的"用有限的颜色来绘画"。

改变管理

区块链主要涉及商业业务流程再造——如果你想收获更多的基础利益。简易快捷的项目，可能不具备为获取更多收益所需要的改变程度。在大型机构中改变就更难完成。

信用网络

区块链怀疑者可能会认为，我们已经信任了另外一个有上百年历史的机构来经营这种信任，因此，我们为什么需要在网络中信任他人？

我们还不习惯于一种新的思想范式，即信任一个执行数字计算的计算机网络，而不是一个基于"了解、信任"的群体。最终，我们将面对的事实是，信任是在网络中的——而且它将是一种新的信任形式。我们来回想一下网络产生的早期（1994 ~ 1998 年），互联网支付是完全得不到信任的，而且不仅是银行不信任。我们必须经过特殊的"支付网关"，该网关专门为执行银行系统外的信用函数而设置，其中，这些银行系统并不想触碰没有信用基础的技术。很快，使用信用卡进行网络支付迅速普及，而且大多数网络用户可能不会回忆起之前的那种充满恐惧的日子，虽然这与信任区块链是极其相似的。

就像我们最初担心区块链能否作为信用服务传递网络一样，它们最终会被认为是理所应当的，就像在大多数地方连接互联网是理所应当的一样。

缺乏实践

我们缺乏有关区块链执行过程的经验，好的实践又凤毛麟角。因此，分享最佳实践案例以及经验，将是我们下一步主要采取的方式。

较低的可用性因素

比特币最开始的使用价值并没有那么大，就像从 2010 年开始的几十个软件钱包应用一样。基于网络的数字货币交易所提供了一个更友善的接口，其界面就像线上银行一样。虽然之后它被批评缺少分散化，但是它们确实提供了一个相当令人满意的使用体验，从而培养了大量用户。

下一代基于区块链的应用将有两种形式：它们要么成为分布式的应用（就像 OpenBazaar 一样），要么就像看上去正规的末端分布式网络应用一样。无论哪种情况，它们的可用性都将与特定的功能紧密相关。例如，它将是一个金融交易应用，或者一个土地登记应用。而且区块链无须进行过度的可视化就可以完成工作，当然除非这能带来额外的好处。

🅑 第 3 章要点

1. 区块链所要面对的挑战很多，但现在的它与 1997 年的互联网没有什么不同，那时我们一个一个地克服障碍，而有一些就自动消失了。

2. 对于区块链的发展来说，在技术、商业/市场、法律/监管，以及行为/教育方面存在许多挑战。

3. 一些最重要的挑战包括可扩展性（技术层面）、创新（商业层面）、信用网络（行为层面），以及现代监管（法律层面）。

4. 就像我们会在互联网产生的 30 年后继续探讨它一样，我们将继续解决并更新有关区块链所需的可扩展性。

5. 我们会不断地修订汽车安全法规，而这些法规在发明汽车时是不能预见的。同样，我们将围绕着区块链及其发展继续修订监管要求。

第4章

金融服务中的区块链

THE BUSINESS
BLOCKCHAIN
Promise, Practice, and Application of
the Next Internet Technology

你现有的商业模式是最不利于你发展新的商业模式的。

——克莱顿·克里斯坦森（Clayton Christensen）

　　金融服务机构愿意在其商业模式中容纳多大比重的区块链，这将挑战着各大金融服务机构。它们一直认为只需稍微敞开大门就能看到大量利益涌入。挑战者（大多是初创公司）试图将门尽可能地踢开，从而打破金融服务业的平衡。

　　在金融服务领域中，许多区块链的技术创新都来自初创公司。但像其他行业一样，金融机构可以通过应用这些技术来进行创新。银行将初创公司视为奇怪的野兽。它们将先进行测试，并保持密切联系，但利益是不会共存的。现实中，大型公司的成员都来自初创公司。他们最初的兴趣就像在动物园里看动物。最终的检验是将技术带回家，从而观察它是否能在驯化过程中生存下来。

　　当大量的外部创新超过大型机构的内部消化能力时，其将面临很大的挑战。

　　业界生产活动来源于两个不同方向。一个是初创公司和技术产品与服务公司进入市场；另一方面，机构将会开始研究市场，并由此制定出一系列的预案和目标集。对于备选的预案、项目以及计划，这种挑战将匹配正确的技术以及商业策略。

银行需要付诸实践并直接学习新的技术。它们还需要开放思想，并尝试不同的办法，即使会面临失败。早期的经历越多，它们将能够越快地改进工作方法，从而取得更多突破性的进展。

本章不是对特定的机构提出特定的解决方案，而是指出金融服务机构应如何看待区块链。这是至关重要的，因为它可以让你发现自己的策略。毕竟，你比任何人都更了解自己的业务。

互联网与金融科技的冲击

为了了解区块链将如何影响金融服务机构，我们必须回顾一下这些机构最近使用互联网的历史，从而审视金融科技公司如何通过采用高科技产品来提供竞争性服务的。

自从 20 世纪 50 年代末，早期的电脑主机产生之时，银行就已经开始依靠信息技术，但是金融科技的（FinTech）概念在 2013 年才流行起来。具有讽刺意味的是，在银行的运作中，技术一直扮演着关键的角色，然而人们并不认为银行在互联网方面有多少创新。传统意义上，用于银行的信息技术旨在运行后端业务（包括客户的账户和交易），支持分支零售功能，连接自动取款机，处理售货点零售网关支付，在全球范围内与其合作伙伴或跨银行网络互联，并提供各种金融产品，从简单的贷款到复杂的交易工具，应有尽有。

1994 年，网络产生了。对任何服务来说，这提供了另外一种前端入口点。然而，大多数银行拒绝了这个创新的机会，因为它们根深蒂固地认为要通过内部零售分支机构或一对一的业务关系来提供金融服务。它们并没有将网络视为重大机遇的催化剂，所以它们以自己的速度和偏好来适应互联网。很快就到了 2016 年，网络商业化已经超过 20 年，但人们认为银行只给客户提供网上银行（可用移动接口）、网上经纪人和在线支付等业务。现实中，客户不经常（或者根本不）去银行零售网点，并且他们也不会舔尽可能多的邮票来邮寄支付他们的账单。与此同时，金融科技正在飞速发展——它已经成为银行体系缺乏突破性创新的一个反应。

贝宝是典型的支付破坏者。成千上万的金融科技公司像贝宝一样开始提供另类金融解决方案。到 2015 年年末，贝宝已经拥有 1.79 亿用户以及 2 820 亿美元的总支付量，这使得贝宝已经成为"一个为 200 多个市场提供服务、允许超过 100 种货币支付、可以使用 57 种货币来赎回资金，以及可以使用 26 种货币来平衡贝宝账户的真正的全球性平台"。①

贝宝已经与世界各地成千上万家当地银行建立了直接联系，使它成为全球唯一的金融服务提供商，其中几乎没有任何界限。贝宝的成功具有重要的意义：它表明仅通过构建与银行机构的渠道，各种金融服务公司均是可以实现的。顺便提一下，在 2014 年，苹果支付（ApplePay）借鉴贝宝的成功经验，通过多用途智能手机在银行与客户之间植入苹果支付来占据销售点。如果你问世界上的任何一位银行家，他都会承认苹果支付和贝宝是令人头疼的竞争对手，它们很轻松地蚕食了它们的利润，并且银行对它们无能为力。

---

① PayPal "Who we are," https：//www.paypal.com/webapps/mpp/about.

截至 2015 年，有超过 190 亿美元的风险资金涌入金融科技初创公司。① 其中的许多资金都集中于一些热门领域：贷款、财富管理以及支付。一些初创公司仅通过手机就可以提供银行的所有服务，这种方法对千禧一代十分有吸引力。这表明，通过滑动手机就可以创造一种新形式的银行，而无须传统的手续。

有趣的是，金融科技初创公司在最初没有直接挑战银行，因为它们知道其中的风险与成本。相反，它们的切入点是相邻的、不存在竞争的、被忽视的或者无人问津的领域——它们最初要避开银行。初创公司起初规模很小且看上去无害。它们一直被忽视，直到它们变得声名显赫且势不可当。

这个背景很重要。区块链可能会按照金融科技同样的轨迹来发展，将立足点转变为重要据点，最终成为羽翼丰满的行业。一些基于区块链的初创公司已经开始慢慢地触及金融服务市场的痛点，它们为现有的客户提供解决方案，而其他公司将为公用的基础设施或服务解决方案提供支持。其他的初创公司通过忽视银行来构想不可能的事，并由此为处女地市场提供全新的解决方案。

那些不吸取历史教训的人注定要重蹈覆辙。较之前对待互联网，如果银行不能更加根本性地做出调整，它们将遭遇更严重的后果。如果金融科技将进一步挑战银行的支付系统，那么区块链承诺不仅会继续瓦解银行，而且还会打破所有从跨境到票据交易的传统机构间运作流程。

对于金融机构，区块链技术将通过两条平行路径进行发展，其中有好有坏。坏的一面是，一些区块链初创公司将会延续它们的商业模式，即金

---

① The Pulse of FinTech, 2015 in Review, KPMG and CB Insights, https://assets. kpmg. com/content/dam/kpmg/pdf/2016/03/the-pulse-of-fintech. pdf.

融科技模式；好的一面是，对于简化银行操作流程是十分有利的。

如果你是一个乐观主义者，那么将有第三种结果。银行和整个金融服务行业可能会决定认真地改造自己。在这种难以实现的情况下，会有赢家和输家，并且部分机将会萎缩，但长期来看它将变得更为强大。

区块链不会是银行终结的信号，但当今的创新一定会比互联网在1995～2000年那时渗透得更快。区块链概念提出的最初几年是重要的，因为这几年是新技术的训练场。任何训练有素的人都将成功。强者不会消失。银行不应将区块链仅仅视为节约成本的杠杆。区块链促使它们寻找新的机会，从而得到新的发展机会。

为什么不能有一个全球性银行？

对于一个怀疑论者来说，这听起来像一个反问句，因为比特币注定会成为新型全球性金融系统的基础中枢。比特币的愿景是一个全球性的分布式货币网络，其中用户在其边缘。

我们应该问一个问题——既然比特币是全球的且通用的，那么为什么没有一个真正的全球性的比特币银行？

这是一个很难回答的问题，因为比特币的中心思想是分布式，而银行则强调集中管理关系。然而，对于希望在全球任何地方都可以进行方便交易的用户来说，一个没有国界与交易限制的全球性银行是非常有吸引力的。

但令人遗憾的是，这一虚构的全球性银行将永远不会存在，因为地方监管阻力太大。目前现存的初创公司或银行没有动力去成为这个"超级"

银行。优步（Uber，乘车共享服务）面临全球性的出租车联盟，但这与全球性金融服务系统内在的错综复杂的监管和法律障碍来说显得微不足道。

你知道为什么在 72 个国家里汇丰银行（HSBC）不是真正的世界领先的全球性银行吗？你知道为什么尽管比特币基地公司（Coinbase）在 27 个国家范围内是唯一的交易所，但它不是真正的"全球性"领先的比特币交易所吗？

对于这两个问题，有一个普遍的答案：监管约束。这意味着你的账户的功能只限于你所属的国家，就像一个传统的银行账户。作为一个用户，你没有真正地得到全球性的感受。汇丰银行和比特币基地公司是全球性的公司，但它们的客户没有无国界的服务特权。

幸运的是，在一个纯粹的比特币世界中，如果你有一个数字货币钱包，那么你就是这个潜在的全球性银行。一个当地的数字货币钱包可以绕开一些法律，而这些法律是现有银行以及数字货币交易所需要遵守的。而且这并没有违法。无论走到哪里你都能带着"自己的银行"，而且只要你的钱包能与非数字货币的真实世界有关联，那么你会感觉你的口袋里装着一个全球性银行。

这种基于消费者数字货币交易的演化背景是很重要的，因为它表明我们可以仅通过区块链自身建立另一种形式的联系，从而实现像环球银行金融电信协会（SWIFT）一样的效果。[①] 现存于世界各地的大约 50 个数字货币交易所没有明显地连接在一起，但它们通过区块链实现了无缝连接。极其重要的一点是，区块链是一个全球性的网络，没有国界。许多银行不屑

---

① "SWIFT 提供了一个网络，使得全球范围内的金融机构可以在一个安全、标准且可靠的环境下收发关于金融交易的信息。"（资料来源：Wikipedia, http://swift.com/）

于比特币和区块链，但它们应该看到，如果你将区块链变成一个全球性的网络时，这将展现出巨大的能量。

可以说，由区块链创造出的数字货币网络将会比货币本身更加重要。新型分布式网络还允许任何数字资产、金融工具或实际资产的交易，这些金融资产都与一个基于数字货币的区块链代理相连接。无论是使用一般的钱包，还是经济类账户，用户都已经开始了各种使用货币的行为：买入、卖出、支付、转移、储蓄或贷款。顺便说一句，贝宝提供相同功能的服务。

也许有一天，我们可以成为我们自己的虚拟银行。先进的数字货币钱包将变成加密金融网络世界，以及货币交易的新入口。只要用户没有坏的行为，合法纳税，并且没有非法行为，那么我们希望监管者不要过度地进行管制。

获得全球性银行的地位并不容易。历史提醒我们，网上银行不足以成为全球性银行。在1995～2000年期间，人们曾尝试构建只在互联网开展业务的的银行。[①] 这起始于安全第一网络银行（Security First Network Bank，简称 SFNB），全世界第一家互联网银行，但每次尝试都受限于当地的管辖权问题。其他的还有 CompuBank、Net. B@nk、Netbank AG、Wingspan、E-LOAN、Bank One、VirtualBank 等，但它们都没有在2000年的互联网泡沫中生存下来。

一些线上/移动银行或金融服务初创公司（如 Atom、Tandem、Mondo、ZenBanx、GoBank、Moven，以及 Number26 等）提供了新一代的服务产品，这彻底挑战了传统银行。但是如果所有这些服务都旨在成为全球性的话，它们仍然需要克服当地的金融监管障碍。

---

① "Virtual Rivals," *The Economist*, 2000, http://www.economist.com/node/348364.

如果你是千禧一代，你不会再三考虑是否要使用传统银行，因为你关注的大多数服务都是由过去 10 年间大量涌现的金融科技初创公司所提供的。一个典型的"千禧金融栈"包括一系列新型金融科技服务，并且只包含来源于传统银行的最具创新的产品。①

通常，我们使用传统的银行网络来转移任何类型的资金。未来，我们将会看到我们使用区块链设施来转移资金，包括数字货币以及主权货币。这意味着，相对数字货币被内部传统线上银行账户所接受的过程来说，传统的货币将更快地进入数字货币钱包和交易经纪账户中。

银行作为后端

未来可能是这样的：银行作为后端，而我们将通过我们的智能手机、应用软件、数字货币账户，或网络服务来直接交易和转移资金。虽然任何时候都不会产生一个真正的全球性银行或交易所，但我们需要体验全球性银行。

在此规划中，银行将变成接入点和接出点，但是它们不会再成为你钱包的核心。

我们越多地将自己的银行账户与外部的服务和应用相连接，就越能更好地发现我们生活在一个分布式银行的世界里。这种趋势已经开始，而绝不是随便说说，因为它经常发生，且影响力越来越大。

---

① "My Financial Stack as a Millennial," Sachin Rekhi, http：//www.sachinrekhi.com/my-financial-stack-as-a-millennial.

以下是几个例子：

- 如果你做票务生意，那么你可以将票务支付程序与你的银行账户相关联，这样支付会更便捷。例如，通过贝宝将 Eventbrite 连接到你的账户。

- 如果将你的数字货币交易账户与银行账户连接，那么用不了 10 分钟你就可以在世界范围内转移资金，且费用非常低。之后，你（或收款人）就可以将资金转移到银行账户中。大多数交易所提供多种方式来存款或提现，包括电汇、汇票、现金订单（money odeles）、西联汇款（Western Union）、支票、借记卡、维萨、贝宝，以及虚拟维萨，其中许多都是免费的。其中一些交易所甚至提供数字货币与主要货币之间的实时外汇交易服务，例如美元、加元、欧元、英镑、日元。如今，还有更多的金融服务功能。

- 如果你正在筹划一项众筹活动（如 Kickstarter），你需要连接你的银行账户。当筹资完成时，活动收入会自动存入该账户。

- 在你使用苹果支付账户来进行结算和支付的几秒钟之内，资金实际上直接从你的银行或信用卡账户中划拨。

- 当你使用优步时，它将自动从你的信用卡账户中划转收费。

- Venmo 账户可以让你从朋友那里瞬间收款，也可以让你将余额退回到你的银行账户。当然，反过来也一样。

这些例子较少，但很重要。这些情形说明了一个问题：我们作为消费者，正在使用这些新的配套服务来做有意思的事情，而不是直接使用我们的银行账户。更重要的是，银行本身就不允许我们完成这些联系，这就是为什么我们必须通过这些新的中介机构。这些新型服务将我们从传统银行账户的有限功能中解放出来。

零售商已经体验到了这种双边分离的效果：销售终端赚取现金，并自动地将现金存入银行账户。这就是零售商版本的连接服务，但现在这些服务将更广泛地扩展到消费者。

与此同时，上帝的指针在地方性的和全球性的连接上摇摆。传统上来说，银行有更强的地方性，因为它们就是从此发展起来的。之后，它们通过网络建立了全球范围的联系。这种专有网络需要花费巨大成本来维持。但是随着比特币和区块链的产生，我们已经拥有了可无缝跨越国界的强大全球性网络。而且我们通过增加当地银行账户，可以进一步完善网络。突然，你的传统银行账户仅仅是金融网络全球云上的一个节点。

由于过于强调本地经营，银行很难加入更加开放的金融服务全球网络，而且银行不再是主要的货币高速公路。如果银行继续允许更多的数字货币接入口和接出口，那么银行的风险将大大降低。否则，它们将变成一座座孤岛。

虽然监管已经为消费者提供了一些个人保护，但（由于竞争的原因）监管更多是为本地建起更高的壁垒，这将导致更多的用户使用全球性无缝服务。

银行业的分布式已经开始，只是还没有那么理想。

区块链内部监管与免批准创新

免批准区块链（对任何参与者均公开）与经批准区块链（邀请特定用

户，且在封闭环境中进行）的区别是与创新程度相关的。

创新的默认状态和初始位置是无须批准的。因此，经批准的封闭区块链将渐渐地体现创新潜力。由于监管原因而不是技术原因，从实质上讲，这两方面是紧密联系的。

我们看到的第一个这样的案例发生在金融服务领域，该领域似乎完全欢迎区块链；但是它们欢迎区块链是出于对自己的考虑，因为金融业要在监管约束下生存。它们真正谈论的是"应用创新"，而不是创造它。因此，最终创新将大打折扣。

这是事实。我称这种情况为"被管制的困境"，用来形容创新者的困境。像创新者的困境一样，被监管的公司很难从当前所面临的监管中摆脱出来。因此，当它们看到新技术时，它们所能做的就是在满足监管的前提下尽可能地使用它。尽管区块链已经展示出了革命性的优势，但银行很难超越自己，因此它们只能将区块链引入它们的监管环境中。

区块链的创新潜能

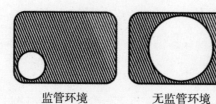

监管环境　　　　　　无监管环境

在监管"盒子"外进行创新就容易多了。但很少有银行会这样做，因为很难打破这个"盒子"。

西蒙·泰勒（Simon Taylor），巴克莱银行的区块链创新小组组长，总结说："我认为在接受监管的金融服务业中不会产生最好的情况。云技术和大数据的最佳用户并不是大型的蓝筹组织。但它们的好奇心对于推动整个行业是十分有价值的。"我十分赞同他的观点——由于对新科技有丰富的理解和经验，银行很有可能会推动区块链的潜在创新。

最后要对银行说，创新会成为竞争优势，但仅限于可见的范围内。否则，创新将被限制以满足实际情况，这就像使用颜色不全的颜料来作画一样。

你将看到银行将成功地使用区块链，但是它们需要进一步思考区块链到底能做什么。它们需要弄清楚如何为客户提供更好的服务，而不仅仅是考虑如何为自己服务。银行应该构想我们还没有考虑到的情况来进行创新，尤其是一些不明显的地方。

区块链公司在金融服务业中的情况

2015 年年底，我发表了一份关于区块链公司在金融服务业情况的详细报告，[1] 其中总结了 268 项，涉及 27 个类别。之后，我又在 1 个月之内收集了 175 000 条关于 Slideshare 公司的问卷。[2]

在金融服务领域中的区块链公司主要分为 3 个部分：

- 基础设施和协议。
- 中间年与服务。
- 应用与解决方案。

---

① 更新至金融服务区块链公司全球现状，William Mougayar，http：//startupmanagement. org/2015/12/08/update-to-the-global-landscape-of-blockchain-companies-in-financial-services/。

② "Blockchain 2015：Strategic Analysis in Financial Services，" William Mougayar，http：//www. slide-share. net/wmougayar/blockchain-2015-analyzing-the-blockchain-in-financial-services.

下面的表格详细列出了各种对抗因素：

应用与解决方案	
• 经纪人服务 • 数字货币交换 • 软件钱包 • 硬件钱包 • 商业零售服务 • 金融数据提供商 • 贸易金融解决方案 • 合规性和身份特征 • 整合支付	• 平台交易 • 经纪人服务 • 工资 • 保险 • 投资 • 贷款 • 全球/本地货币服务 • 资本市场解决方案 • 取款机
中间件与服务	
• 技术服务供应商 • 区块链平台 • 软件开发环境	• 一般用途 API • 特殊用途 API • 智能合约工具
基础设施和协议	
• 公共区块链 • 封闭区块链	• 微交易基础设施 • 矿工

金融服务业中的区块链应用

从内部实施的角度来看，区块链在金融服务业中的发展将依据以下几个主要的应用领域：

- 面向消费者的产品。
- B2B 服务。

- 交易与资本市场。

- 后端进程。

- 跨行业中介服务。

下图说明了这些类别将如何在一个日益复杂的执行框架中展开：

金融服务业中的区块链

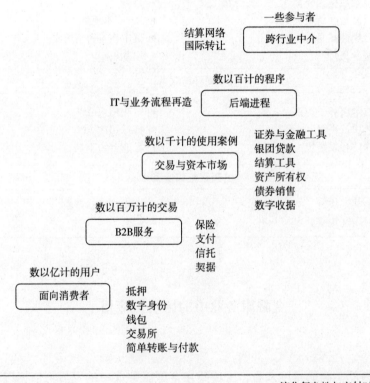

值得一提的是，一些实践方法正慢慢浮现，且面向未来：

- 2015 年 11 月，ConsenSys 公司展示了一个两方总收益互换金融合约。该合约利用底层身份、信誉以及分类账目，并在微软 Azure 云平台上运行。

- 2016 年 2 月，Clearmatics 宣布它们开发了一个为场外衍生产品进行结算交易的平台，称为分布式结算网络（Decentralized Clearing Network，简称 DCN）。该平台建立了一个结算成员协会来进行自动合约计价、保证金计算、交易压缩以及中央结算对手（Central Clearing Counterparty，简称 CCP），或第三方中介。[①]

- 2016 年 3 月，世界上最大的 40 家银行联合展示了一个固定收益交易测试系统，其中使用了 5 种不同的区块链技术（是 R3 CEV 协会的一部分）。

- 2016 年 3 月，剑桥区块链实验室设计了一款巨灾债券交易程序，包括区块链上的对手验证，以及自动作业流程。这种技术使得用户可以通过选择性地披露其信息来保护隐私，而有些交易是需要身份验证的。

以上这些交易从始至终都是基于 P2P 基础，无中央中介或结算中心的，而且变得越来越常见。交易者不需要了解对方，也不需要第三方中介来进行交易。分布式与 P2P 交易是为了最大化区块链的潜在影响，这是关键的区块链创新。一般来讲，在区块链中，交易双方的身份将通过钱包地址或内置的 AML/KYC（反洗钱/了解用户）认证来自动验证。智能合约将随后登记交易条款并发表在区块链上，同时还会在分布式的 P2P 文件分发协议（例如星际文件系统）中存储相关的监管协议［例如国际互换与衍生

---

① "Ethereum-inspired Clearmatics to save OTC markets from eternal darkness," Ian Allison, IB Times, http：//www. ibtimes. co. uk/ethereum-inspired-clearmatics-save-otc-markets-eternal-darkness-1545180.

交易协会（International Swaps and Derivatives Association，简称 ISDA）总协议]。最后，在标准数据库中完成相应的条款。尽管中心化的数据库会削弱 P2P 分散化的程度，但目前仍采取这种标准数据库。

在区块链或分布式一致性账户解决方案中有许多重要的应用。以下是一些受到影响的主要方面：

- 债券。
- 互换。
- 衍生品。
- 商品。
- 注册与未注册证券。
- 场外市场。
- 抵押品管理。
- 银团贷款。
- 仓储收据。
- 回购市场。

金融服务的战略问题

主题 1：　区块链触及银行的核心，　而银行能做出反应吗？

在第 2 章中，我提出 ATOMIC 的概念来强调 6 个相关领域中区块链的可编程性：资产、信任、所有权、货币、身份、协议。基于以上概念，区块链主要涉及分布式、脱媒化以及分布式账簿。这些方面是银行的核心部分。当一个技术几乎触及你的商业模式中的所有核心部分，那么你需要当心，因为你将面临挑战。银行需要进行认真的思考来重新进行规划，并且勇敢面对每一个主要的区块链参数。当核心利益受到威胁时，它们不能再坐视不管。

主题 2： 遵循、 引领， 还是跨越式发展

金融服务机构可以采取 3 种策略。我建议它们选择所有的策略。

1. **遵循**。通过加入协会、标准化组织或开源项目，金融机构可以从协作中获得收益。这体现了区块链的价值。这其中的一些行为可能会加强银行间的关系，而其他行为会帮助其他成员发现实用的技术和方法，这对组织内部是十分重要的。

2. **引领**。这块涉及引领多项内部创新措施，其中区块链将简化银行业务的各个环节。这需要主动加强内部能力，或寻求外部服务商的帮助。

3. **跨越式发展**。这可能是最难开始的阶段，因为它要求你跳出现有商业模式的局限，但还要在创新范围内进行思考。这与早期的方向有一个十分明显的区别：跨越式发展应该在新领域中产生新的收益，而这两者旨在节约成本以及提高运营效率。

主题 3： 监管， 监管， 还是监管

全世界范围存在各种金融服务监管当局，其数量大致与冰激凌口味类型数目相当。150 个国家中存在 200 多家监管当局，而其中很多已经盯上了区块链并思考修订现有的监管条例。

想象一下，如果每个当局都制定了各种各样的区块链监管法规，没有互相协调，也没有对这种政策的充分考量，那么不仅混乱将接踵而至，而

且区块链技术行业将被这种混乱扼杀在摇篮之中。

在2016年3月，由存管信托和清算公司（Depository Trust & Clearing Corporation）主办的会议上，美国商品期货交易委员会（Commodity Futures Trading Commission，简称CFTC）专员克里斯托弗·吉安卡洛（J. Christopher Giancarlo）说道：

> 然而，当监管来临之时，这项投资将处于危险境地。在这项投资实现之前，它将来自十几个不同的方向，而每个方向都伴随着扼杀技术发展的约束。

当互联网来临之时，各国政府都很聪明，早期不仅没有进行监管，反而还帮助它发展。金融服务机构要再一次面临的现实是，当它们接触区块链的时候，它们要受到监管机构的摆布。

银行处于进退两难的境地：区块链是全球性的，但监管迫使它们专注于为本地服务。如果监管还走老路的话，那么监管保护了银行，但同时也伤害了它们。

主题4： 区块链交易合法化

在基于区块链的商业交互的核心位置，由区块链处理的交易将被视为具有法律约束力。这就需要重新制定规则，至少要保证新的监管条例不会妨碍机构使用区块链来进行交易，或者至少允许它们使用这种技术进行试验，从而了解其能力以及未来发展方向。

人们可能会怀疑：如果信任是区块链的关键推动者，而银行已经开始互相信任，那么我们为什么需要一个"信用网络"？答案就在于，当我们检测运行现有信用系统的成本时，我们将发现该成本相当昂贵。这部分是由于监管，另一部分是由于在每个金融服务机构的专有系统中，需要复杂的集成系统。结算停止延迟，不但会增加间接损失，而且会导致最终的融资成本将很高。

主题5： 银行期待一个更好的银行间网络吗？

每一家银行都有自己的专有系统，并且它们必须使用自己的专有网络来转移资金。众所周知，监管和多方中介，是需要花几天时间来进行银行间结算的主要原因。

凭借其强大的单一账本视角，区块链的产生对银行是否可以继续依靠其专有系统提出了质疑。这种更加同质化的视角以及更加开放的全球交易跟踪可审计系统，可以提供独特的视角，并降低风险。胡安·亚诺斯（Juan Llanos）是金融科技与加密技术领域的注册反洗钱师以及风险管理专家。他在信中告诉我：

> 今天的反洗钱困境是基于大量客户尽职调查以及少量的（公司内部的）交易监管。区块链技术可以提高交易分析能力。在以前，这是不可能的。在没有区块链的时代，受到监管的金融机构只能进行公司内部的交易分析，而且必须通过模拟或记录的方法来分享信息。区块链有可能会创造网际分析，从而超越行业以及管辖边界。区块链可以承受与日俱增的行为透明度要求，从而带来一个能够降低"了解用户"这个要求的机会。

目前的主要问题就是，执法当局或监管者是否欢迎这种范式变化。长期来看，合规的一大部分将转向智能化，因为区块链网络提供了更加透明和合理的监督。

主题6： 银行能够重新定义自己， 或者说它们是否将有所提高？

银行是不希望改变银行业的。初创公司希望改变银行业。区块链希望改变整个世界。这就是目前主要的困境。

银行将决定是否将区块链视为一系列外用的创可贴，或者它们是否愿意寻求新的机遇。这就是为什么我倡导它们应该欢迎（或者购买）新的数字货币交易所的原因，不是因为这为比特币交易提供便利，而是因为它们是新一代的金融网络，决定着如何快速可靠地转移资金、金融工具或数字资产，而且这种转移不使用现有金融服务业所依靠的昂贵网络和平台。

Ⓑ 第 4 章要点

1. 我们不禁要问，是否我们要求金融服务机构要热烈欢迎区块链。现实中，这些机构在最初是挑选它们喜欢的，而无视它们不喜欢的。

2. 尽管全球性银行或交易所不会马上产生，但对于全球性银行（没有国界与交易限制）的感受和行为是必需的，区块链是有能力提供帮助的。

3. 金融服务业将需要暂缓新的金融监管，同时更新现有的监管，来适应区块链所产生的创新。

4. 不需要结算中心就可以进行交易，这是一块试金石。自身以及交易对手的身份验证，可以在区块链中通过一种 P2P 方式来进行，这应该是机构努力完善的首选方法。

5. 战略决策要等待金融机构，而且它们必须有勇气去超越，而不仅仅是进入下一个平稳的领域，然后满足现状。

第5章

新型中介和云服务行业

THE BUSINESS
BLOCKCHAIN
Promise, Practice, and Application of
the Next Internet Technology

以己为鉴者愚，以人为鉴者贤。

——奥托·冯·俾斯麦（Otto Von Brismarck）亲王

本章内容涉及区块链对银行与资本市场之外行业的影响。

除了商业领域，区块链还可以应用于解决经济、实业、政府与社会等更加广泛领域的问题，其中一些问题是植根于哲学或者思想意识形态上的。对于这些社会问题，可能存在一些去中心化的解决方案，这便是区块链的用武之地。

区块链真正发展创新的地方在于，其省去了管理者。初创企业脱离了现行的中心化服务，尝试利用区块链的分布式特征，建立更好的服务模式。

区块链的另一个新特征是数据与程序都是公开的——准确地说，是半公开的，因为信息通过加密的方式保证了其安全性，只有获得权限后才可以被访问。这意味着所有人都可以在区块链上发布信息。过去，重要信息都存储在隐藏的数据库中，或是其他物理介质中，查询信息时必须要访问某个数据源。而现在可以尝试着将信息公开、将数据库拆分，而不用担心安全问题。

　　由于区块链底层构造中存在嵌入式多重冗余特征，并且有较强的还原能力，因此可以在公共基础设施中安全地运行程序，这是传统的计算环境无法比拟的。

新型中介

　　传统中介受到了科技的严重威胁，它们在抗争的同时逐渐萎缩，但不会轻易退出。报纸、有线电视和旅行社便是例子。

　　区块链试图取代一些传统的中介：提供中心对手方清算机构、公证人、托管，以及任何利用内置信用机制提供服务的中介机构。区块链削弱了这些现有中介的一部分功能，但同时它也为市场新参与者的出现提供了可能。

　　与互联网类似，区块链服务出现之初只被视为主流方式的替代选择。但随着接受程度的加深，这些替代选择将逐渐成为主流。

　　分拆是新中介出现的主要原因。分拆导致部分功能的丧失，这为新中介介入开发这些功能提供了机会。在对内核周边部分进行分拆的同时，对内核的保护也在削弱。

　　互联网便曾是替代了报纸、娱乐媒体和旅行社的新中介平台。

　　谁将会成为以区块链为基础的新中介？

认证机构证明

　　在不久的将来，"证明一切"将成为可能。其前景是，征信将成为一个类似在搜索引擎上检索信息的无摩擦过程。

可以想象，新的信用机制是以区块链为基础的，某人做过某事后会加盖一个时间戳，这样其他人便可知晓。一些启发式的例子是：

- **身份证明**：身份将由以区块链式的认证机构进行确认。

- **存在证明**：录制音频或视频文件、照相或者接收文件，并分享其证明。

- **Oracles 式业务**：Oracles 将成为认证部门，因为其包含的有用信息会不断更新。

- **智能服务式合约**：直接使用浏览器查询智能合约目录。

- **购买证明**：证明已购买的物品，比如彩票、药物、捕鱼许可等。

- **位置证明**：证明已到达某个指定区域。

- **所有权证明**：回答归谁拥有的问题。

- **经理证明**：帮助保证你是一个忙碌而可信的市场经理，并且不会实施欺骗行为。

DAO 的出现

去中心化管理的代表之一是分布式自治组织（DAO），这类组织借助区块链技术，实现管理和运作。这也可被视为业务分散的缩影。在不久的将来，所有人可以自主地为 DAO 工作，并由此获益。

分布式自治组织/企业（DAO/DAC）是加密技术革命的理想化成果，发源于奥瑞·布莱福曼（Ori Brafman）的《海星模式》（*The Starfish and the Spider*，2007）一书中的"海星式分权组织"和尤查·本科勒（Yochai Benkler）的《网络财富》（*The Wealth of Networks*，2007）一书中的"群体协作"。近期，这两个概念由加密货币技术联系在一起，提出这种联系的是丹尼尔·拉里默（Dan Larimer）和维塔利克·布特林（Vitalik Buterin），前者提出比特币是一种 DAC 的原始形态，后者将这一概念扩展归纳为 DAO，并特别提出 DAO 中存在内部资本。众筹的放宽监管和服务分拆是这个过程需要讨论的另外两个主题，并且由于整个过程可以通过给技术和自动操作的管理层结构进行技术加密来实现加速，从而实现 DAO 可以在不受人为影响的环境中按照一套既定规则运行的功能。①

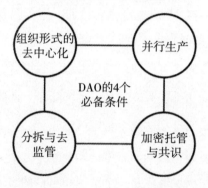

人们对 DAO 的体验和对其实际运行状况的认识仍略显不足。建立 DAO 不应生搬硬套，出于不同的实际目的，DAO 的原理在应用时会有所变化。

那么，该如何实现？实际应用中有哪些难点？

简单地加入加密技术，并不能保证 DAO 的成功。

尽管可以在筹备之初便致力于建立 DAO，但也可以逐渐向其演化，或者在传统组织结构中融入 DAO 的部分概念。如果 DAO 最终可以使自治体通过智能程序进行工作，那么建立 DAO 应是一个循序渐进的过程，每一个步骤都依赖于前一个步骤实现的功能，以下是演变过程：

- **可参与性**：用户自愿、独立地参与一些非固定任务。

---

① "Bitcoin and the Three Laws of Robotics, Let's Talk Bitcoin," https://letstalkbitcoin.com/bitcoin-and-the-three-laws-of-robotics#.UjjO0mTFT7v, 2013.

- **可协作性**：用户协作，实现一个共同的目标。
- **合作性**：用户希望得到共享的收益回报。
- **分散性**：在更广泛的网络上复制使用这些技术并传播它们。
- **去中心化**：在优势领域逐步投入，用于扩展。
- **自主化**：智能体、智能程序、升级人工智能和人工智能算法使运营能够自我维持，在组织内的任何组成部分创造价值。

以下是需要条理性思考的几个问题，亦可作为需要逐步处理的实施清单：

1. 是什么范畴？用户和支持用户行动的框架，是这场技术改进的核心。实施步骤中的可参与性、可协作性、合作性是基于用户的，而分散性、去中心化、自主化是基于框架的。

2. 所有权类型。参与 DAO 的方式有三种：第一，购买份额、加密货币或者代币；第二，受赠；第三，挣取份额。挣取份额比较有趣，因为这一过程中涉及一些主动或被动参与的工作。主动性工作的例子包括完成发现程序错误、开发软件、道德黑客等 DAO 上要求的工作，完成这些工作会有相应的奖赏。被动性工作通常通过分享而完成，包括分享你的计算机处理周期、网络使用权、存储空间或者数据。

3. 价值载体。回报可以采取多种形式，通常的回报载体是份额，但也可以是积分、代币、奖品或是加密货币。代币有多种用途，比如可以作为使用权证明，或者某种内在价值的所有权证明。

4. 透明管理。管理权的获得并非易事，却是必备的。自主不意味着无序，所以必须考虑管理的各个组成部分，无论利益相关者是主动参与的（例如，参与投票、管理、制度建立、核查、决策、报告、管制等），还是被动参与的（例如，参与者感受到被尊重、被恰当评价、被赋予权力、合理地获得补偿等[①]），透明管理都是必须的。

5. 收益增值。收益分享或分红，是共同财富常见的重新分配方式。但在 DAO 中，这些好处可能包括选举、专用权，或者被赋予某种特殊的状态。最终，价值增长需要通过内部资本升值的方式实现，其形式可以是加密货币，也可以是加密安全化过程的一类。

6. 加密技术。区块链与加密货币协议与平台，只是协商一致机制的基石。通常，这些协议在满足了共识分布式和信托协议分布式后，可以确保所有交易和智能程序的不可反驳性、可验证性和准确性。这些协议可以是通用的（例如，以太坊、比特币），或是专用的（例如，将交通去中心化的 la'ZooZ 和将存储去中心化的 MaidSafe）。技术平台还应有三个附加功能组件：（1）用户数据层，其出发点是，数据是属于用户的，只有特定用户群或者 DAO 的盲选方式才能访问；（2）作为实际交易引擎的智能程序；（3）连接增值服务和 DAO 附加参与者的各种应用程序接口。

DAO 的一个重要目标是价值创造或产生，为了实现这一目的，需要建立用户行为及其结果对整个组织的价值影响之间的特殊联系，而组织价值又是以加密货币的价值作为基础和代表的。这也是企业创新和复制商业模式所必需的。

---

① "Do Peers Really Want to Govern Their Platforms?," Brad Burnham, Union Square Ventures, https://www.usv.com/ post/54c7abcd570e2300033262e 6/do-peers-really-want-to-govern-their-platforms，2015.

无价值关联的使用是一种浪费，并且会导致失败性反弹这一点非常重要。很多 DAO 在开始时只是理论上的概念。一次加密货币的众售（Crowd-Sale）只能启动 DAO。DAO 就像一个新创企业，它需要产品与市场的契合、商业模式的实现和大量的客户来推动。在早期，DAO 就像科幻计划，存在很多的设想，直到其产品和服务被推向市场，可行性才得以证实。"成功的证据"将在市场上不断涌现，这种成功与众筹的成功大相径庭。

尽管前景令人垂涎，但实现 DAO 是一个循序渐进的过程，不能一蹴而就。DAO/DAC 在执行过程中需要一定程度的独立空间，人为干预不宜过多。最终，只会有一部分公司是 DAC，或者类似于 DAC。

云服务行业

政府与管理

区块链技术在政府及管理领域有着广泛的应用前景，大致可以分为三类：

1. 国家、州、省、县、城市、自治区等现有辖区。

2. 国家与组织的虚拟化管理。

3. 公司的董事会管理。

将区块链技术应用于服务，是对现有"砖块水泥"式实体政府推行的电子化服务的革新。

区块链服务模式在传统政府管理中的应用	
• 婚姻登记	• 财产登记
• 采购拍卖	• 机动车管理
• 护照管理	• 专利管理
• 利益收集	• 税收
• 土地登记	• 选举
• 许可证管理	• 政府债券
• 出生证明	• 申请与合规

然而，政府需要很长时间来实施这些服务。它们会分析这类项目的全面影响和后果，然后评估可扩展性要求。由于政府一旦开展这类服务便不能允许出现差池，因此它们的期望会很高。较小的国家，县、市可能在早期项目上有优势，因为它们可以避免潜在的区块链扩展限制。

对于虚拟管理，比特国（BitNation）提供了一个示例。这是一个涵盖法律、保险、社会、安全和外交的自助式服务系统，甚至包括一个全球性的公证服务，任何人都可以在区块链上记录自己的法律文件，并通过在区块链上加盖永久时间戳的方式证明文件的存在。

爱沙尼亚实施了比特国公证服务。如果一对夫妇在比特国公证其婚姻关系，[①] 并不意味着他们在爱沙尼亚或任何其他司法管辖区内结婚。他们的婚姻关系只存在于"区块链辖区"。[②]

乌克兰是区块链选举系统的先驱，该系统包含政治选举、选举或公

---

① BitNation Public Notary（BPN），https：//bitnation.co/notary/.

② "Bitnation and Estonian Government Start Spreading Sovereign Jurisdiction on the Blockchain," IB Times，Ian Allison，http：//www.ibtimes.co.uk/bitnation-estonian-government-start-spreading-sovereign-jurisdiction-blockchain-1530923，November 2015.

投、网上请愿等多个组成部分。①

对于传统的公司，BoardRoom② 是一个便捷的董事会管理平台，该平台依托于区块链，通过可表决可执行的民主集会方式管理分散的共识。其特点之一是，从治理决策到资金结算的直接联系。BoardRoom 的创造者尼克·德森（Nick Dodson）表示，"一旦董事会投票通过了一项决议，平台会根据设定的规则，将资金支付给收款方，这种即刻清算机制能够节省长达几周的时间。"

在新加坡、中国香港和英国，区块链股权发行商 Otonomos 公司③将创建并管理一家公司的烦琐过程化简为直接订购。公司创建者可以向股东发行股份、提名管理者、向员工发行期权、向投资者发行可转债（通过智能合约），这些活动都可以很方便地通过"商业智能仪表盘"完成，甚至可以是无纸化的。

升级版自主化政府系统，还有一项潜在的应用前景。假设某一政府对国家的治理不得人心，其公民可以创建一个更加公平和分散、更可信任的基于区块链的"影子治理体系"。至少有 50 个失败的、脆弱的或腐败的国家，可以从改进的区块链治理体系中获益。④

医疗体系

当我们深入了解医疗行业与体系时，区块链真的有可能是医疗记录和

---

① "Ukraine Government Plans to Trial Ethereum Blockchain-Based Election Platform," Bitcoin Maga-zine，https：//bitcoinmagazine. com/articles/ukraine-government-plans-to-trial-ethereum-blockchain-based-election-platform-1455641691，February 2016.

② BoardRoom，http：//boardroom. to/.

③ Otonomos, otonomos. com.

④ List of countries by Fragile States Index，Wikipedia，https：//en. wikipedia. org/wiki/List_ of_ coun-tries_ by_ Fragile_ States_ Index.

患者数据隐私问题的有力解决方案。

长久以来，建立便携的、易于整合的医疗记录难以实现，区块链技术可能无法解决其中的所有问题。管理障碍不容忽视，特别是区块链技术与现行法律之间存在冲突时。

但其原理颇具吸引力：患者可以放心地将医疗记录发布在区块链上，而且只有被授权的人才能够访问这些记录。爱沙尼亚政府在这一应用领域有成功案例。通过 Guardtime 大型无钥式数据认证系统与分布式账簿，市民可以在任意时间使用身份认证解锁其医疗记录。从这一角度来看，区块链确保了一条清晰的监管链，并合规地记录了所有医疗记录的访问信息。①

医疗领域的其他应用包括：

- 使用多重签名与二维码，患者可以授权医疗人员全部或部分地访问自己的医疗记录。
- 在匿名化确保隐私的前提下，共享患者数据。这将有助于相关研究和相似病案之间的对比。
- 记录医疗事件并加盖时间戳，这将有助于减少保险欺诈，简化核查过程。
- 记录医疗设备关键部件的维修历史，提供永久性的审计记录。
- 携带安全钱包、完整的电子病历或 DNA 信息，以便在紧急情况中方便使用。
- 验证药品出处，杜绝非法药品生产。

---

① "Guartime Secures over a Million Estonian Healthcare Records on the Blockchain," Ian Allison, IB Times, http://www.ibtimes.co.uk/guardtime-secures-over-million-estonian-healthcare-records-block-chain-1547367, March 2016.

- 为治愈某一特殊疾病发起建立虚拟市场，参与者各尽所长，并以代币作为回报。①

能源

区块链可以帮助实现更高效的配电网管理、同类或机器之间的低成本微交易，建立次级市场，或进行以规则为基础的支付等。

一家德国能源公司莱集团（RWE），试图建立电动汽车与充电站之间的区块链链接。这项服务允许用户为他们的电动汽车充电，并通过微交易芯片进行支付。充电站将用户身份验证、支付处理和积分累计合并为一次单一交易。这简化了支付与会计处理，解决了现在能源市场上的瓶颈。②

以太坊生态公司 ConsenSys 和绿色能源公司 LO3 Energy 合资的公司 TransActive Grid，开发了当地能源生产的实时计量业务，使居民在邻里之间可购买和出售可再生能源。2016 年 3 月，该业务的示范项目在纽约布鲁克林投入运营，初始客户为 10 人，但另外 130 人表示对该项目有兴趣。③

埃森哲（Accenture）发明了一种可以监控能源使用情况的智能工具。当能源需求发生变化时，该工具使用改进区块链技术寻找并切换至低价格能源供应商。这为按表付费的低收入者节省了能源支出。④

---

① "Blockchain in Healthcare: From Theory to Reality," Jonathan Cordwell, http://blogs.csc.com/2015/10/30/blockchain-in-healthcare-from-theory-to-reality/.

② "Partnering with RWE to Explore the Future of the Energy Sector," Stephan Tual, https://blog.slock.it/partnering-with-rwe-to-explore-the-future-of-the-energy-sector-1cc89b9993e6#.w3oj745sc.

③ "Blockchain-based Microgrid Gives Power to Consumers in New York," New Scientist, https://www.newscientist.com/article/2079334-blockchain-based-microgrid-gives-power-to-consumers-in-new-york/, March 2016.

④ "Bitcoin Could Help Cut Power Bills," BBC, http://www.bbc.com/news/technology-35604674.

Grid Singularity[①] 正在实验通过区块链验证能源交易。该公司的目标市场是发展中国家，致力于使这些国家中随用随付制太阳能资源更加完善。公司的最终目标是为能源系统建立统一的区块链平台，使系统内的所有能源交易均通过该平台进行。

Ⓑ第 5 章要点

1. 区块链的技术冲击将波及行业、政府或类似同等重要的领域。

2. 尽管区块链削弱了很多现有的中介机构的功能，但同时也创造了新的机遇。

3. 不久的将来，"证明一切"将成为可能，其便捷程度与使用搜索引擎一样。

4. 外围金融服务、政府、医疗、能源领域将迎来基于区块链技术的重大革新。

5. 分布式自治组织是区块链技术的重要应用形式，但其仍处于实践的初级阶段。

---

① Grid Singularity，http：//gridsingularity.com/.

第6章

区块链技术的实现

THE BUSINESS
BLOCKCHAIN
Promise, Practice, and Application of
the Next Internet Technology

想象力比知识更加重要，因为知识是有限的，而想象力却可以拥抱整个世界。

——阿尔伯特·爱因斯坦

一项技术越基础，它的影响就越大。区块链技术并非一项仅仅改进过程的技术，从它充分部署的潜力来看，这是一项具有颠覆意义的技术，因此在实现时必须要考虑到它的潜力。

大多数主要的区块链平台都以一种透明的、开源的合作方式进行，包括大量去中心化的分布式工作。这会产生两种结果：（1）众所周知的"香肠制作"方式制作出来的成品并非十分完美；（2）在最终版本确立之前，技术实现和部署之间的折衷将相当常见。直到区块链技术发展成熟（大约2018～2020年），你都需要应付沿途一系列技术实现上的挑战。

我们可能会陷入同互联网发展初期一样的境遇。很多早期的业务尝试都失败了，一部分是因为缺乏相关的技术支持，一部分归结于捉襟见肘的商业模型的假定（这是缺少足够市场运作经验的结果），还有一部分则由于同时包含上述二者。最终，网络和网页技术进化改善，并且能够使得更强大的设计得以实现。

在区块链技术中，我们可以先采用保守的方法，等到相关技术成熟后，所有的不确定因素移除之后再应用区块链。常言道，早起的鸟儿有虫吃，而吃到捕鼠器上奶酪的总是第二只老鼠，不一定抢先者就注定是赢家。一部分公司会毫不犹疑地采用以上路线，而另一部分将会被吸引成为愿意为了获得更早、更好的奖励而进行风险交易的先驱和创新者。

这里有两种正在进行的实现区块链的方法：（1）由现存的组织机构把它视为一种附加科技；（2）由那些并不在乎现有工作流程的新兴企业来实现。本章主要包含内部区块链技术实现的早期步骤，其他观点在第 3 章和第 4 章中已有讲述，在第 5 章着重强调了初创公司的创新工作。在本章的最后，我们也将涉及上述两种跨组织混合模式的机会。

应对区块链技术的内部策略

目前来看，如何在大型组织机构内部实现区块链还没有明确的定论。这里有多种解决途径，一个初创公司开始时都是一张白纸，没有任何包袱，但是一个组织机构却可以被现有的流程所挟持，正如一句谚语所言："是的，上帝用 6 天创造了世界，但是那是因为他没有一个安装基地。"

要想让大型组织机构加快步伐，尽快了解区块链及其影响，这绝非一日之功。

一个新项目（区块链）能够获取动量，得到高级管理层的理解和共识，并且被提上 CEO 的优先议程，这一过程是需要花费一些时间的。更具代表性地，那样的情形将在进取心高涨的员工产生浓厚兴趣与外部市场压力相融合之后发生。

突然之间，一个或者更多身处领导位置的人们有了区块链方面的议题，并且开始去不停地谈论它。其中一些组织性的问题可能是：

- 我们将用何种组织方式来处理区块链，为什么？
- 我们应该如何发展用例、相关策略和实现方案？
- 我们如何实现从理论证明到实际完全部署的转化？
- 我们期望从区块链中得到什么好处——战略上的，还是运营上的？
- 我们将会犯哪些错误，并从中学到什么教训？
- 我们衡量的基准是什么？
- 我们可以分享哪些最好的实践，从而让我们的努力更加有效？
- 我们可以期待在下一年实现什么？

区块链沙皇

用沙皇来比喻企业管理者，可以追朔到 20 世纪 90 年代初期大量公司再造重组的时候，当时迈克尔·哈默（Michael Hammer）和詹姆斯·钱皮（James Champy）在他们《再造公司》（*Reenginering the Corporation*）一书中提出"再造沙皇"的角色。再造沙皇是一个在公司再造过程中起着举足轻重作用的人。

在再造的定义中，再造沙皇是"在再造过程中负责公司内部再造技术和工具的发展，并实现公司内部不同再造项目之间的同步"。①

　　值得注意的是，再造管理者不会使再造"发生"。那是"再造领导人"的角色，其受到沙皇的支持。继续从哈默和钱皮的再造沙皇角色说起，"再造沙皇拥有两种主要的功能：其一是支持每个个体的流程拥有者和再造团队；其二是协调所有正在进行的重组事件"。

　　在1995年我在惠普公司的最后一年里，我承担了公司在加拿大运营的重组管理者一职。那个职位需要直接向CEO汇报工作，因为重组事宜是拥有最高可能议程优先级的行政级别工作。在那个时候，我正在协助管理12个动用全公司力量进行的重组项目团队，并且我采用了哈默和钱皮的方法和经验取得了巨大的成功。

　　历史上也有政府和企业沙皇相关联的先例。在1993年，克林顿总统任命伊拉·马格辛纳（Ira Magaziner）②为当时的美国互联网"沙皇"，那段时间白宫提名了11位沙皇。有趣的是，"沙皇"称号的提名总数在布什总统（2001～2009年）任下达到33个，在奥巴马总统（2009～2016年）时已达到38个。③

　　公司再造与区块链早期的差别是，再造过程中的菜单大部分已经写好，并且大多数工作是关于如何实现它的。在20世纪90年代初期，潜在的催化剂技术是信息技术，并且是稳定的，不像一些企业的区块链技术直到2016年才逐渐成熟起来。然而，再造沙皇这个角色的精神和内容，仍然对区块链技术完全适用。

---

①　Ira Magaziner, https：//en. wikipedia. org/wiki/Ira_ Magaziner.

②　"List of U. S. executive branch czars," https：//en. wikipedia. org/wiki/List_ of_ U. S. _ executive_ branch_ czars.

③　MaidSafe, http：//maidsafe. net/.

企业业务流程再造带来了最纯粹的商业信仰，我希望区块链技术的启动与投资能够得到同样的待遇。

在这种情况下，"区块链沙皇"应该在业务运作上拥有足够的经验，并且他们能够明白重组工作的进展是通过技术发展得以实现的。这个人可能也会成为公司的对内和对外发言人。理想而言，这样的角色并非都被研究部门的调查员所占据，但是他们却在创新小组中占据一席之地，只要他们拥有类似的实践经验。区块链沙皇需要尽责于移除组织中的障碍，促进教育的发展，管理并贡献最好的实战经验，同时也要监控各个组织之间不同执行手段的进展。这份工作是艰难的，因为它包含发现并剔除旧的流程，而不是自动化或者精简目前正在做的事情。

组织模型

因此，我们将如何在内部实施组织呢？这里有多种选择。

很多公司成立"区块链实验室"基金，其中包括能够亲历亲为的软件工程师，只要有想法涌现，就要想办法把它展示出来。这些实验室通常内部聚焦于"展示与销售"，或者在组织内部向其他部门和单元讲授"区块链"的多种可能性。他们的挑战通常不是如何催生新的想法，而是这些新的想法如何被移交到那些真正进行运作的部门或业务单元并且被实现。

其他组织则创建一个由能够定期碰面和交流的各业务单元利益相关人员组成的内部区块链"特遣部队"。这种方式面临的挑战是，并非所有人员的能力和积极性都在同一水平上，因此可能在某个方向上并不能达成一致。这个组合的角色更多的是分享和集体学习，而不是影响。另一种方法是在组织内部通过一个共同的过程发现新想法、新思路，但是要首先在实验室中发展出新想法和概念，然后选出最好的继续实施。

　　不管利用上述何种方法，他们将至少会从强大的区块链倡导者身上受益，这个区块链倡导者既是一个令人尊敬的思想领袖，又是一个大胆的沟通者和对区块链技术抱有热忱的人。

区块链的功能架构

　　一个了解区块链技术范围的方法是，学习其具备的核心功能。这一部分描述了一个通过对市场上存在的各种方法进行分析归纳后得出的通用的模块构造方式。

　　在 2016 年，看上去市场上这样的方式有很多，但是这其中存在整合机会，并且我们将逐渐减少底层架构的讨论，而增加对顶层能力的研究。最终，这种类型的基础设施架构技术将会被认为是理所当然的，并且其大部分会被整合成"开箱即用"的模式，而非像以前那样弄成"宜家盒子"（IKEA box）的方式。

　　以下是区块链技术的核心部分：

区块链功能的通用方法

链外服务	区块链服务	最终用户产品

	内核与协议	

	软件开发工具	

下面我们将详细介绍上述每个部分的功能。

内核与协议

P2P 网络

P2P 网络是一种通过节点方式相互连接的集成网络，也是一种不断合成的拓扑结构。它是区块链的一项最基本的功能元素。每个节点都在相同的网络中运行，因此它们会提交整个网络固有的冗余，这意味着一旦一个节点停止工作或者不再响应，在网络中的其他节点会进行修正弥补。其实从本质上而言，一个 P2P 网络很难崩溃，除非我们关闭每一个运行的节点。

一致性算法

规定哪些和多少节点可以参与到确认交易之中的各种方法，是一致性算法配置的一部分，并且它们可以帮助确认结果是公共的、私有的还是半私有形式的。数据挖掘可能不会涉及其中，钥匙和签名证书是该功能的一部分。

早期区块链的发展被诸多对哪种共识是有效的热议困扰，但是随着这些技术的日渐成熟，在 2018 年之前，这种形式的一致性算法将会成为不断争议的话题。当然，只要这种算法是有效的、安全的，它就会被广泛支持。

虚拟机

这是一个被著名 JVM（Java 虚拟机）方法借鉴的概念，在区块链发展的环境下它是由以太坊发起的。虚拟机描述了部分处理内部状态和计算的协议。它可以被视为一个巨大的包含数以万计账户信息的分布式计算机（事实上是由几个 P2P 机器构成），该计算机可以更新内部数据库，编译代码，同时相互作用。应用智能合约语言编写的程序，可以被编译进虚拟机当中，并且创建你发送包含代码交易的合约。

历史记录

交易在连续的数据区块当中被记录（因而形成区块链一词），所以这是一个历史的、只能添加这些持续进行和更新交易的日志文件。把区块链仅仅看作分布式账目，这是一个谬论，在技术层面上，它不是，但它行使类似职能，因为在数据区块中的连续交易记录等同于分布式账目。然而，你可以搭建一个基于区块链提供历史记录的不可变分布式账目应用程序。

状态余额

比特币并非围绕着账户的概念而设计，尽管账户是一个常用记录交易发生的地方，因为我们同样也习惯于查看我们的银行交易记录。更深一步来讲，比特币应用了一种名为未消费交易输出（Unspent Transaction Outputs，简称 UTXO）的方法，这是一个可以把未消费交易作为输出，并作为新交易中的输入而消费的方法。其他区块链运用不同的方法持续跟踪状态余额。Ripper 网络中的金钱都用"债务"表示，所有交易均表现为账户余额的变化。在以太坊当中，状态是由名为"账户"的对象构成。在每个"账户"当中可以进行直接的价值和信息之间状态转换。

区块链功能的通用方法

```
┌─────────────────┐    ┌─────────────────┐
│ 最终用户视图    │    │ 链外服务        │
├─────────────────┤    ├─────────────────┤
│ 命令行          │    │ 声誉            │
│ 特殊浏览器      │    │ 信息            │
│ 钱包            │    │ 存储            │
│ 应用            │    │ 交换            │
│ 可下载客户端    │    │ 支付网关        │
└─────────────────┘    └─────────────────┘
         ┌─────────────────┐ ┌─────────────────┐
         │ 内核与协议      │ │ 链内服务        │
         ├─────────────────┤ ├─────────────────┤
         │ P2P网络         │ │ 时间戳          │
┌─────────────────┐ 一致算法     │ │ 签名证书        │
│ 软件            │ 虚拟机       │ │ Oracles认证     │
├─────────────────┤ 历史记录     │ │ 身份认证管理    │
│ API             │ 状态余额     │ │ 投票            │
│ 编程语言        │ └───────────┘ │ 智能合约        │
│ 开发环境        │              │ 标记            │
│ 智能合约        │              │ 信息            │
│ 测试            │              │ 资产连接        │
│ 沙盘效应        │              │ 存在性证明      │
└─────────────────┘              └─────────────────┘
```

区块链软件技术的发展

各种各样关于区块链的软件技术发展，包括以下多个方面：

- API（应用程序编程接口）。

- 多种客户端的实现（例如 C++、Python、Go、Java、HaskeⅡ等）。

- 集成开发环境和快速应用程序开发框架。

- 智能合约语言和脚本。

- 测试工具。

- 沙箱环境（Sandbox environments）。[①]

---

① 在沙箱中运行的代码，能够修改或查看用户系统。——译者注

链内服务

- 时间戳。
- 签名证书。
- Oracles 认证。
- 身份认证管理（例如线上检验、合法检验、防伪检验）。
- 投票。
- 智能合约管理。
- 标记。
- 信息。
- 资产连接。
- 存在性证明。

最终用户视图

- 命令行。
- 特殊浏览器。
- 钱包。
- 应用。
- 可下载客户端。

链外服务

- 声誉。
- 信息。
- 存储（例如 DHT、文件系统）。
- 交换（例如资产、现金流等）。
- 支付网关。

其他区块链所需特性

- 加密交易（保密传输）。
- 监控（统计和分析）。
- 审计。
- 安全。

去中心化的应用程序的编写

区块链的一致性过程在本质上是去中心化的，这必然催生了新一代的去中心化的应用。一个分布式应用程序可以从技术上、政治上或两者兼有地去中心化。

现实情况是分布式应用程序不能支持所有情况，同样，不是所有的情况都能有效契合分布式应用程序范例。然而，依然有很多能够适合区块链分布式范例的应用，并且这将意味着对开发者、创新者和远见者而言又多了很多机会。

分布式应用程序首先要求对所有权、交易需求和逻辑制定它们自己的规则。下面是一些编写分布式应用程序时的复杂规则：

1. 使用加密电子货币（crytocurrentcy）作为支付服务的货币单位。

2. 使用区块链服务作为一种特性，举例而言就是注册资产或验证其真实性的一个过程，一般通过 API 得以实现。

3. 在区块链上使用智能合约来运行一些商业逻辑，如果特定条件能满足的情况下可以返回一个特殊值，比如金融衍生品。在该种情况下，将会产生一个其所有权和使用权归属于区块链的数字资产。

4. 用一种更加基础的方式使用区块链，此时应用程序离开区块链将无法行使其职能。一般而言，你将会建立一个以节点方式存在的特殊P2P 网络，比如 OpenBazaar——一个分布式应用程序。

5. 在没有经济象征或货币单位的情况下，使用你自己的区块链（可以与他人分享）。这就是很多被许可的区块链在企业之中得以运行的原因。

6. 在包含经济象征或货币单位的情况下，使用你自己的区块链（或另一个区块链）去创建价值的经济网络，比如 MaidSafe，该系统创造了一个为 P2P 网络用户提供闲置计算机资源的市场。

区块链平台的 12 种属性

如果你需要评估给定的区块链平台，下面的多种属性非常重要：

1. 可编程性。哪种编程语言是适合的？

2. 可扩展性。有多少节点可以在区块链中产生？它们是否存在上界阈值？

3. 可升级性。开发人员记录了哪些可以供区块链进行升级和更新的手法？

4. 交易可管理性。所有的实时交易是透明的吗？

5. 可见性。你有一个区块链活动的完整视图吗？

6. 可购性。战略部署的成本是多少？

7. 安全性。由什么记录区块链的置信水平是否安全？

8. 速度和性能。在检验交易时的速度上限是多少？

9. 高可用性。正常运行时的跟踪记录是什么？

10. 可延展性。你可以扩展基本的区块链和其他各种附加功能吗？

11. 互用性。它与其余区块链之间的相互操作性如何？

12. 资源公开。它的源码是公开的吗？与其他开发项目的合作与贡献 处于何种水平？

给首席信息官和企业高管的 13 条策略建议

议题 1：区块链重新定义遗留问题

大型公司的新兴技术总是与原有的应用程序相冲突，因为当新兴技术

到来时，这些旧程序会阻碍前进。即使你认为拥有现代软件技术对于企业
网络环境而言是安全的（这些技术包括利用模块化方式行使云端功能、利
用基于容器的技术改进业务部署，或者在快速发展的多变实践中实现持续
交付），但是区块链依然是一项需要被吸收和集成到任何软件开发团队工
作中的先进技术。

议题2： 区块链是一个战略意义的 IT 平台

正如第一部分清晰阐述和本章前段扩展介绍的那样，区块链在其完整
的形式下，是一个新的主要的软件开发平台。因此，它将越来越具有战略
意义。具备战略意义意味着，它不仅仅可以降低成本和改善交易延迟。具
备战略意义更意味着，你需要发掘可以带给你竞争优势的区块链战略性使
用方法。特别来说，私人和公共区块链相互交融将会产生非常具有创新性
的应用程序，但是只有当你的组织内部的改进能够和外界对应用公共区块
链技术的发展水平不相上下的时候，你才能充分利用这种局面。

议题3： 具备哪些能力?

这里将阐述 5 个公司应用区块链解决方案需要具备的能力：教育、发
现、设计、开发和管理。

教育 学习区块链的基本功能，并大体了解它能做什么。

发现 通过回答区块链适合什么地方和我们能够利用它做什么，来创
造识别其他领域的机会。

设计 在现有的发展阶段，我们需要什么样的方案来解决发现的潜在
问题？包括业务运行和合同法律要求在内的各种条件，区块链将如何

影响我们的行为？

开发 软件开发、软件集成和技术的部署。

管理 正在进行的软件维护、支持选项、迭代进化、新特征和更新换代。

公司应用区块链应具备哪些能力？

大部分公司不能实现在所有领域的开发，但是它们可以与外部公司在一些特定方面进行合作。了解如何对区块链进行编程将会是一项必需的能力，与能够对网页应用程序编程一样重要。

议题4： 应该选择什么样的合作者？

基于不同的资源和能力，每个组织机构都有不同的起点，因此对合作者的选择将取决于不同的情况。下面是一些选择的方法，用表格形式列出：

方法	它是做什么的	举例说明
互联网服务	将会创建所有你需要的	大型 IT 公司
区块链	你将直接通过区块链的技术和服务进行工作	比特币、以太坊
发展平台	专业互联网的应用框架	Eris、BlockApps
解决方案	特殊产业	Clearmatics、DAH、Chain
接口和覆盖范围	DIY 组装件	Open Assets Tierion

议题5： 后端集成

当区块链应用程序达到可以完全部署的水平时，最终需要将其与后端进行集成，正如面向用户的网页和移动端客户程序需要与现有企业系统集成一样。然而，区块链同样拥有替换一些后端程序的潜力，因此你必须考虑类似出现的状况。不过要记住的是，离开内部集成将会很容易在一些崭新的领域实现区块链解决方案。假如你的起始位置包括当前系统，那么这可能导致你的方案实现时间推迟额外的 18 ~ 24 个月。因此，为什么不考虑轻装上阵，去赢得那些想要尝试新事物的客户？

议题 6：　区块链作为一个共享服务平台

除了内部应用程序和用例，还将会有很多创建共享区块链服务的新机会。不单单在垂直领域（例如一个特殊的经济应用程序），而且在水平领域（例如一个通用的验证服务记录）。

议题 7：　干扰，　还是构造?

对于创业公司而言，毫无疑问区块链是一个破坏者，但是大公司并不愿意干扰自己的经营，除非它们不得不去做。在许多大型公司中，第一个可能的场景会是通过部署区块链技术来加强现有业务流程，从而达到更高效率或者更低成本的目的。然而，这可能不够，如果仅仅停留在建设/防御阶段，外界的破坏幽灵将仍然会浮现。

议题 8：　区块链作为一个新的数据库

区块链成为一个数据库在本书中是一个反复出现的主题，所以你不妨让尽可能多的区块链开发人员去熟悉数据库的创建工作。了解什么情况下使用传统数据库并且何时使用区块链将会变得非常重要，与此同时，知道如何优化它们的双重操作也具有重大影响。

议题 9：　区块链平台

在 2016 年，我们见证了许多声音和选择，因此类似于手工装配的方法依然需要。我们可能处在这样一个如同当年需要一页一页地书写 HTML 代码来搭建网络页面的阶段。从这个阶段诞生的区块链将会是一项受欢迎的革新，尽管区块链作为服务只是在此方向上的一小步。

议题 10： 如何获得教育？

你可以通过积极的方法来培训各部门关于区块链的技术知识，或者你可以等待市场自然地教会所有人。如果此时你没有感受到紧迫感，那可能意味着你还没有完全理解区块链的全部潜力，或者负责区块链的人没有很好地完成他的工作，也就是在各商业单位中激发对区块链的需求火花。

议题 11： 走入死路的 vs 首尾相连的概念的证明

在许多大公司中 POC（概念证明）十分流行，因为它允许你在不用全力投入的情况下尝试一下新的科技。但是这其中存在的风险是，这些公司无法看到整体的潜在利益，从而只是进行谨慎的实验，缺乏具体的承诺，因此容易走入死路。此时最好的方法则是实现一些小的可以让实际用户使用并且能看见产品完整周期的能够首尾相连的区块链项目。尽管如此，POC 还是可以被用来缩小可投入项目的组合，但是你要认识到它的作用远不止这些。

议题 12： 业务流程 vs 技术

我们曾长时间认为实现区块链 80% 需要业务流程改动，20% 需要找出其背后的技术。当然了，这需要你有足够的雄心在该变业务流程的过程中处理所遇到的瓶颈。假如你认为区块链技术并未准备就绪，或者存在某些今后才能处理解决的瑕疵，那么你可以利用这段时间先去重组你的业务流程，等你完成以后，技术也将会准备就绪。

议题 13： 用例饱和

通过头脑风暴的方法找出用例，是一个好的初始切入点，但这并不足够。其中的风险是用户实例是可以抛弃的。你可以进行尝试，并且如果你不喜欢它们，你可以将它们移除。用例可能会带来什么，但也可能不会。"用例"一词是假定匹配现存的流程，因此这个标准对于那些更困难的、需要超越现有而进行创新的选择来说会是太低了。下一章节将会处理如何思考区块链带来的创新思维。

决策框架

经常地，第一个脱颖而出的问题会是："区块链将会解决什么样的问题?"这是一个很好的问题，不过具有自我主观局限，因为事实上我们假定区块链只会解决已经存在的问题。

如果区块链会创造其他机会，而不是解决现有问题呢? 那么，你将会需要一个不同的思想来指引你的方向。互联网期初是用来解决全世界都在抱怨的特殊问题，但是它提供给我们电子商务作为一种新型的国际贸易方式。假如你去问一些报刊杂志，他们将不会有任何新问题困扰，但是互联网改变了他们经营的方式。社交媒体不是一个解决问题的方法，它们只是增强人际关系的渠道。我们可以将区块链的影响分为以下 3 个大类：

1. 解决问题。
2. 创造机会。
3. 应用功能。

解决问题

"问题"有多种范畴，它会迫使我们思考理解，假如区块链拥有影响下面介绍内容的及时应用：

节约成本　商业机构后台的？中台的？顾客服务中心？

生产力　更多的吞吐量？

效率　更快速的流程？承诺/报告的支持？

时间延迟　更快速的更新？更快速的确立？

质量保证　更少的错误率？更多的满意评价？

结果　收入的增长？利润的提高？

风险　更少的欺诈行为？更少的接触？

尽管上述所涉及的方面并不是纯粹意义上的"问题"，但是这是一个任何组织机制都想要简化的基本业务参数列表。在这种情况下，区块链是一个无形的推动者，它不会改变多少可见的外部业务模式。它更像一个能做到更好的内部黑盒子。

希望我已经说服你认识到，仅仅问区块链能解决什么问题，是非常局限的。举例来说，假如你观察金融科技（FinTech）浪潮下初创公司对银行业务的创新，你将会发现有很多这些公司并非真正解决银行存在的"问题"，而是用不同的方法来处理某个特定市场或者某种服务。所以临界点在于通过重构机会来竞争，比如，P2P 网贷，非传统的房屋贷款，快速批准贷款的周期，高效的机器人投资等等。

创造机会

找到机会是十分困难的，因为那需要应用创新，具备创造力，并且带来显著的变化。由于其中涉及业务流程的变动，这将成为更难实现的目标，并且需要花费很长的时间。考虑以上因素后，区块链会是 80% 的业务流程改编和 20% 的技术实现。

创造新机会，包括进入新的市场，或提供之前从未有过，而通过区块链得以实现的新服务。这需要有一个极具想象力的过程去思考，什么是可能的且什么在过去从未实施。这需要跳出惯有思维，并对区块链适用于哪些领域有极为深刻的理解。

新业务机会：

- 新的中介。
- 新的网络。
- 新的市场位置。
- 新的结算中心。
- 新的官方机构。

这些新的机遇，也能在 3 个地方转化为新的市场：在你的组织机制内部，两个或多个相互协作的组织机制中间，或者起初没有和内部流程连接的完全崭新的领域。有争议的是，在外部完成的事情有可能更容易处理，因为一开始就没有被你自身的核心统一（集中）需求所绑定。

- **内部**：我们可以吸引一批新的用户么？
- **外部**：我们可以进入一个我们核心之外新的市场么？
- **相互协作**：我们可以与一个崭新的领域合作么？

应用功能

第三类的思考包含从底层应用区块链的功能。

在这些情况下，对区块链应用功能更深刻的了解，将会使你发掘实现自己工作业务的方法。对于一些人而言，了解区块链远比一个区块链的工作人员了解其他人的工作业务简单得多。

下面是一些区块链使用的通用功能列表：

- 反思中介。

- 捆绑式服务。

- 非捆绑式服务。

- 新的流动价值。

- 去中心化治理。

- 新的法律框架。

- 在区块链上运行智能合同。

- 分享一个分布式账目。

- 创建/发布数字资产。

- 嵌入值得信任的内部事务与交互。

- 时间戳。

- 执行/实施数字签名。

- 确认数据/文件生产的证明。

- 创建业务流程的记录、事件或活动。

- 验证文档/数据/所有权资产的真实性。

- 确认交易的真实性。

- 确保合同条件是不予置否的。

- 协调账户。

- 完成财务结算。

- 在应用程序中嵌入数字身份。

- 提供托管服务。

- 使智能交易安全化。

举例来说，你不能直接将区块链和数据库进行比较，然后说"数据库做得更好，因此我们不再需要区块链交易。"区块链是一种新的范例。反过来，你可以首先运行基于区块链的智能合约，然后问问你自己它能够做什么，接着再回过头去，考虑如何将它应用到你现有的业务中去。当你审视你的区块链策略时，你需要同时处理 3 个等同的因素：问题的解决，机会的发掘和功能的实现。这就是智能三位一体的区块链组织策略。

Ⓑ 第 6 章要点

1. 管理内部区块链策略需要大家共同的努力和管理人的领导。

2. "区块链管理者"途径是一个有效在组织机制内部启动与协调各方努力的方法。

3. 一个区块链的实现将会有很多需要新功能组件的因素构成。

4. 公司将需要决定采用哪种实现区块链的方法，这取决于其自身的能力和外部合作伙伴的选择。

5. 你不应该仅仅将区块链视为一个问题解决技术。特别地，它是一个可以令公司进行创新和发现新目标机会的技术。

第7章

未来之路：去中心化

THE BUSINESS
BLOCKCHAIN
Promise, Practice, and Application of
the Next Internet Technology

万事先难后易。

——托马斯·富勒（Thomas Fuller）

去中心化技术——区块链——将塑造一个去中心化世界。

区块链的终极应用不仅仅是变革企业结构和代替现有中介，而且为建立更加去中心化的世界创造了一种可能。

去中心化并不意味着无政府状态或纵容违法，而是意味着每个用户将会拥有更多的权力和更大的自由。众多参与者、受益者和领导者将在一起和谐地工作。它既不是共产主义，也不是网络朋克小说。通过建立新的生产与价值创造方式，去中心化推动资本主义的繁荣。

区块链必然会使价值发生移动。更进一步，多个区块链之间的相互作用与交易，将导致前所未有的复合式网络效应。这类似于一个巨大的开放的分布式服务系统，惠及所有人。

诺贝尔奖得主、经济学家、哲学家弗里德里希·哈耶克（Friedrich Hayek）的观点更加实际，他认为，去中心化的经济或社会体系更有效率，而且与社会中信息的分散化本质更加吻合。①

去中心化的互联网将会如何？

去中心化、分散服务与分散控制，曾是人们对互联网的愿景。在互联网出现之初的 1994 年，在凯文·凯利的《失控》中，有三个重要的评论：

> 网络化是 21 世纪的象征。
>
> 网络没有中心——它只是一堆点连着另一堆点。
>
> 一个分散的、存在冗余的体系，可以在不损失其功能的前提下变得更加灵活，从而更具适应能力。

万维网的创始人蒂姆·伯纳斯·李提出了一个名叫万维网（Web We Want)② 的倡议，用以唤起人们对互联网的初衷：

> 开放是互联网存在的基础，但审查、监视、权利集聚等对这一基础的威胁越来越多，我们非常担心。
>
> 任何人都可以在网络上分享信息，正是由于这个原因，互联网促进了经济和知识的进步。也正是由于互联网，新的商业得以发展，政府透明度得以提高，正义得以捍卫。

---

① The Use of Knowledge in Society, F. A. Hayek, http://www.kysq.org/docs/Hayek_45.pdf, 1945.

② Web We Want, https://webwewant.org.

对于相信去中心化互联网将引领未来的人们来说，凯文·凯利和万维网的观点深入人心。

而目前互联网的状况令人堪忧，万维网观察到：

> 为了获利，大量程序自动访问垃圾博客和网站上的广告。高质量的网站也是如此，被过载了大量广告和跟踪器，以至于使用广告拦截器才是上网的唯一安全方式。每一次点击都充斥着监测和金钱的味道，我们被迫浏览了大量重复内容。

如果互网络成为公共品，其命运又当如何？

区块链象征着权力由中心向边缘的移动。这曾是互联网出现之出人们对它的期盼，而此次互联网的再去中心化将使之成为现实。

有观点认为，社会被垄断控制型的中央集权机构束缚住了。另一些观点则认为，中心与边缘之间，更加平衡的管理体系会更加民主与和谐。区块链支持后者，并促使它发展。

现在，让我们把视线从互联网转到 2008 年的金融危机。当时，政策制定者的自然反应是由监管不足转向监管过度。美国、欧洲和亚洲的监管机构联合起来，使场外衍生品市场更加集中，而对单一风险点的监管却有所放松。《多德－弗兰克法案》（Dodd-Frank Act）① 中的强制中央交易对手清算条款是一条并不明智的政策，它事与愿违地放大系统性风险。因此，中央对手方清算所成为新的"大而不能倒"的机构。而具有讽刺意味的是，在此之前，风险并未如此这般集中。

---

① Dodd-Frank Wall Street Reform and Consumer Protection Act, Wikipedia, https：//en. wikipedia. org/wi-ki/Dodd%E2%80%93Frank_Wall_Street_Reform_and_Consumer_Protection_Act.

2012 年，纽约时报刊发《反脆弱》和《黑天鹅》作者纳西姆·尼古拉斯·塔勒布（Nassim Nicholas Taleb）的文章"稳定救不了我们"，文中指出，在去中心化的系统中，问题在萌芽之时便可解决。①

不仅互联网上充斥着大量中心化导致的瓶颈，为了降低风险，监管机构不断地将权力集中，结果却适得其反。

去中心化并非易事

苹果的 iTunes 是一个典型的中心化市场。如果 iTunes 是去中心化市场，即苹果应用程序的开发者可以通过去中心化的方式发布、定价其程序，苹果将损失 30% 的销售收入。当然，这只是一个假设场景，其思想基础是，价值存在于网络的边缘而非中心。

从技术上讲，搜索和发现并不是一项必须处于中心才能够发挥作用的功能，分布式的方式可以异曲同工。事实上，除了能够创造价值的用户以外，其他毫无意义，那么为什么不将这一部分价值回馈网络使它更强？新的去中心化应用程序应该建立在区块链上，而非现行的模式。

如果初始设计时没有去中心化，那么去中心化实现起来就会非常困难。但是，如果开始时便形成分散的网络、平台、服务、产品、货币或市场，去中心化则会更加容易。

---

① "Stablization Will not Save Us," Nassim Nicholas Taleb, *New York Times*, http：//www.nytimes.com/2012/12/24/opinion/stabilization-wont-save-us.html？_r=0.

去中心化的形式

过去的经验是：没有中央机关、中央权力、中央规定或中央批准将一事无成。而在去中心化的体制中，一切都变了。许多事物发生在边缘和整体网络的外围节点。

"中心运作"的观念正在被打破，因为这可能只是一种虚妄。一个底层的分布式协议（如 OpenBazaar），使得分散经营在网络的边缘进行，而那里也正是价值本应存在的地方。、

在一个分散的体制中，完全有可能建立一个价值始于关键用户的系统。如果用户受益，则这一网络将集体性获益，并将其反馈给原创者。

对于去中心化系统，首先建立的不是中心，而是一个平台，使网络可以在边缘用户的关注点和互动节点得以蓬勃发展。然后，在这一平台上构建商业模式。例如，中心化模式中的一个付费特权，在去中心化模式中可以是免费的，但同时将有机会创造新的货币化方法，这也更符合去中心化的特征。

对于去中心化的观点，不应只接受其中的一部分而拒绝其他，挑三拣四只会削弱它的功能。

分布式共识体系不受任何单一实体控制，在这一体系运行的商业模式由多方共有和经营，并因此受益。商业功能与区块链交叉点可以为用户提供前所未有的新体验。

这些新的领域包括：没有实体银行的银行业务、没有赌场的博彩活动、没有官方确认的所有权转让、没有 e‑Bay 的电子商务、没有官方监督的注册、没有 Dropbox 的计算机存储、没有优步的运输服务、没有亚马逊

的云计算、没有谷歌的在线身份识别等。任意一种服务，都可以"去除曾经的中心集权"，并加入"对等、基于信用的网络"。

去中心化服务的共同特征包括：

- 快速结算。
- 没有中介延迟。
- 前置的识别与声誉体系。
- 低成本的扁平化组织结构。
- 无须授权的用户访问。
- 嵌入信用机制的网络。
- 攻击恢复能力。
- 无须审查。
- 无中心点故障。
- 协商一致的决策机制。
- 对等通信。

加密经济

比特币引领了一场多样的区块链业务模式。展望未来，前景更加广阔：由加密技术驱动的无与伦比的全球性价值创造机会，与互联网驱动的经济模式完全不同。

欢迎来到加密经济时代。

与当前的预期不同，加密经济可能不会试图取代金融服务系统，也不会静候消费者将法定货币转换为电子货币。加密经济将创造专属财富体系、建立超越货币交易的服务与商业模式，以此登上历史舞台。

加密经济是互联网发展下一阶段：去中心化时代。

在加密货币的体系中重新认识货币、价值、权力、支付与收入之间的关系，可以更好地理解加密货币将如何引领未来。首先需要回答的两个基本问题是：

- 货币是什么？
- 货币存在的目的是什么？

货币是价值的一种形式，但并非所有价值都以货币的形式表现。换言之，价值的范畴比货币更大。在数字时代，加密货币是一种完美的电子货币，区块链是数字价值的完美交易平台，这一平台构建在拥有最多连接的互联网之上。其结果颇为惊人：数字价值快速、自由、高效、廉价地交换。这也是区块链被称为新型价值交换网络的原因。

货币存在的目的是用于支付有价值附加的事物。通常来讲，支付后便可拥有所有权或使用权。

由于加密货币的可编程性特征，其所包含的信息具有扩展性。例如，在以加密货币支付时，交易过程可以附加所有权、监管权、使用权等相关权利的交换。

因此，区块链开启了一种新的后续交易模式，在这种交易中，价值通过交易活动最后展现的事物表示，而非静态账户中的货币价值。这听起来像是一种股票市场的功能，但与当前被监管的金融证券不同，它允许无限数量的、不受管制的价值要素交易。而且，这种交易更加分散，更加去中心化，更加活跃，在这个意义上说，"钱包"可以触发直接进入现实世界的商业行为。

例如，一位私家车主可以通过一款应用程序（例如 La'Zooz）分享汽车行驶数据，并获得代币。第二天，可以通过该应用程序找到一位有同样行驶路线的私家车主，并开始拼车，此时之前挣得的代币以车费的形式付给第二位车主。

在这一案例中，没有发生真实货币的交换，没有支付过程。取而代之的是，被动地争取加密货币（第一位车主分享行驶数据），信息交给了第二位车主（第一位车主是有信誉的合法乘客），其他信息交给第一位车主（第二位车主值得信赖），提供了一项服务（拼车），价值发生交换（代币），以上这些被虚拟而又自然地整合在一起。该案例在区块链应用程序中较为复杂，因此这一价值交换涉及很多变量和市场条件。

还有许多闭环价值交换的例子，在这些例子中，仅仅通过分享信息便可获得交易的机会。

La'Zooz 是加密经济模式的原型经济模式，它创造了微型经济中生产者和消费者之间的价值交换市场。以这种运作模式为蓝本，区块链可以创造加密货币市场，这一特征比区块链"分布式总账"特征更为重要。

这种经济模式将超越以往，引领价值创造的新形式。

该模式将如何实现？通常来讲，技术通过复制的方式把人们从旧习惯中解放出来，更迅速、更廉价地完成同样的事务。被解放出来的人们开始标新立异，将新的想法变为现实。广泛的网络应用程序使互联网发生质的变化，加密技术革命亦将如此。

下一个问题是，如何创造新的价值？

在区块链上提供服务可以实现这一点。

区块链服务将创建一个新的业态系统（像网络那样），一段时间后，它将自我完善，变得更加强大。

互联网发展的进程已经发生了一个先例。有了互联网，才有了电子贸易、电子商务、电子服务、电子市场，以及后来的大型社交网络。每一个细分市场都创造了自己的财富。

到目前为止，在区块链服务领域没有明确的细分市场，但其服务形式中会包含以区块链为基础的信用体系（身份、权利、资格、股权、投票、时间戳、内容属性），包含在区块链上执行的契约机制（赌注、家族信托、托管、工作交付、奖金、赌注证明、一致性证明），分散对等的市场（如 OpenBazaar 或 la'Zooz），以及在区块链上运行与治理的分布式自治组织（DAO）。

区块链服务的共同特点是什么？它们在区块链上运行，可以无中心控制地复制与成长，加密货币是其运行的动力。加密货币就像燃料，部分通过收费的方式收集，部分是由参与的用户和那些提供这些服务的方式获取。加密货币通过加密服务的方式催生创造财富的新经济模式。

随着时间的推移，会有大量用户账户中存在结余，进一步网络效应将接踵而至。只有到那时，加密经济才可以在金融系统占据一席之地，这是当前"一个国家一个主权货币"模式无法比拟的。

全新价值链

区块链将形成新的价值链，这与 2001 年诺贝尔经济学奖得主迈克尔·斯宾塞（Michael Spence）[1] 的观点类似，他认为数字技术以信息流的方式

---

[1] Michael Spence, Wikipedia, https://en.wikipedia.org/wiki/Michael_Spence.

改变着全球价值链。

迈克尔·斯宾塞观察到，新兴经济体的增长率前所未有，主要得益于经济全球化的有利影响。他把这种增长归功于知识、技术的加速流动。

在区块链领域也有类似的状况。加密经济的全球化将与经济的全球化有相似的特征：它使参与者接触到更大的市场，获得更多的知识与技术。

区块链像新型数字价值轧平机一样，在网络空间和现实空间中影响并转移价值。区块链使交易的价值更加贴近个人，也使得任何人都可以与去中心化的应用和组织联系在一起，产生或转移他们的加密价值。这种现象的另一个好处是，它为资本和劳动力赋予了移动属性，地域环境变得不再重要。

货币、商品、财产是价值转移与升值的主要形式，除此之外还有其他的价值转移、分配和创造方式，对新方式的理解和认识才刚刚开始。

技术渗透

比特币、区块链、加密货币、去中心化应用、加密协议与平台的未来会是怎样？这些事物可以被统称为加密技术，与信息技术类似。

从宏观层面，加密技术的发展方式可能与互联网曾经的发展方式类似。从结局角度，在过去的 20 年中，互联网在 4 个维度上产生了较大影响：

1. 新兴互联网企业出现，并引领了新的用户行为。

2. 现存机构和政府在其运营过程中接纳了互联网。

3. 一些行业受到了互联网的威胁，被迫转型。

4. 网页程序开发成为软件开发的主流。

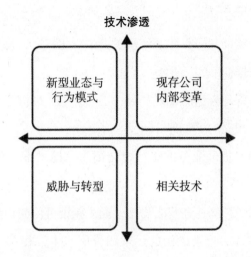

10 年之后，"互联网"一词可能会被"加密技术"取代，其最终命运可能也与互联网类似：

1. 加密技术领军企业涌现。

2. 机构和政府逐渐接受这项技术。

3. 一些行业将会受到影响。

4. 加密技术的发展成为软件研发的分支。

这些将如何实现？先畅想一下 2025 年。

展望 2025

对于未来 10 年的预言很多，这里只讨论和区块链有关的部分。

新型业态与行为模式

- 在线身份验证与声誉体系将呈现去中心化特征，每个人都拥有属于自己的数据。

- 每个人将管理自己的在线声誉，当与其他人进行互动时，他们只会获得与之相关的那一部分信息。

- 仅涉及加密货币业务的银行将会出现，提供虚拟货币方面的金融服务。

- 去中心化的预测业务将会出现，提供频繁可信的预测信息。

- DAO 将出现，这类机构的运营和价值产生过程与所提供的服务和所获奖励紧密相连。

- 同级机构之间的商业行为将自发且无摩擦地发生，没有中介结构参与。

- 信息的内容与属性将通过区块链以可验证的方式发布。

- 数字与实物资产的所有权验证更加便捷。

- 智能手机和可穿戴设备上的电子钱包将成为主流。

- 微交易成为日常生活的一部分。

- 资产登记服务更多地在网络上进行。

- 每个人都可以运行自己的商业模式，可以与其他人达成协议，并使用区块链技术保障履约。

- 通过提供日常服务挣取加密货币的商业形式更加普遍。

- 区块链将成为半私人信息库，只有当两个或两个以上当事人同意，相关信息才会被传递。

- 全球汇款将在智能手机或电脑上进行，就像发送电子邮件一样便捷。

- 用户在使用区块链技术时可能不会意识到这项技术的存在，就像使用后台数据库一样。
- 新型分散的金融结算网络将挑战现有的清算机构。
- 任何实物商品或资产的数字版本（例如金、银、钻石）将可以通过区块链在任何地方进行交易。
- 将有几十种常用的、全球性的虚拟货币成为主流，其总市值将超过5兆美元，占据全球2025年全总经济总量的5%。

现存公司内部变革

- 医疗记录在患者与医生之间快捷、安全、永久地共享，并由安全可靠的机构更新相关数据。
- 在不同团队之间，具有法律约束的公司治理相关事件将很容易实施。
- 即便在全国范围内，在法律上具有约束力的远程政治选举结果将更加可信。
- 区块链将提供股票、商品、金融工具的交易确认和清算服务。
- 多数银行将提供加密货币与普通货币间的双向交易服务。
- 多数经销商将接受加密货币支付方式。
- 加密货币将成为会计、结算等活动的标准方式。
- 数字商品会被无形证实其来源的真实性，商品的供应链是透明的，用户可以看到其生产过程。各类商品的真实性、质量和起源信息更加易得。

威胁与转型

- 未将现实世界中的信息挂到区块链上的商业模式，与区块链的结合应和与网页的结合类似，即在互联网和移动媒介中复制已有的商业模式。

- 高延时、高手续费、风险集中度过大的清算机构。

- 不能提供以区块链为媒介的资产转移或交易服务的经纪人。

- 不变革融资模式的借款人。

- 不采用加密技术的银行。

- 不提供远程服务的政府职能部门，这些服务包括登记、存档、许可、认证等。

- 不能通过加密文件工作的司法人员。

- 有权签署合同、签名、契据、信托、认证、仲裁、商标、许可证、所有权证明、遗嘱或其他私人记录的人员。

相关技术

- 在公共和私人的环境中，分布式系统一致性协议将成为技术堆栈的共同特征。

- 常用技术将包括分布式哈希表（DHT）和星际文件系统（IPFS）。

- 键值存储数据库（Key-value stoee database）将更加普遍。

- 某些浏览器将拥有区块链连接功能。

- 智能合约程序语言将激增。

- 开发分布式应用程序将像开发网页程序一样流行。

- 开源协议将用于支持新的业务服务和产品。

- 商业模式中将自带信用和核查模块。

- 对等分散的基础层将在数据存储、计算、验证和声誉领域被广泛应用。

- 分散的信用体系将被转移到网络中，并嵌入在应用程序中，而不是由中介控制。

- 密码学和博弈论课程将更加流行。

- 将出现更加分散的云计算形式。

以上这些结论都源于 2000 年的互联网泡沫破裂。

欲速则不达。

过快地炒作区块链概念对其毫无益处。这种脱节将使那些急功近利的人失望。

如果按照卡洛塔·佩雷斯（Carlota Rerez）[①] 关于技术革命呈现方式的观点，区块链在初创阶段（2015 ~ 2018 年）和部署阶段（2018 年以后）之间将会不可避免地遭遇一次危机。卡洛塔·佩雷斯是研究技术经济范式转变和浪潮理论的著名学者。这就意味着，如果她的观点是正确的，区块链在初创阶段可能会被寄予太多的厚望，之后才会进入平稳的发展阶段。

Ⓑ 第 7 章要点

1. 区块链不仅会被用在商业领域，还会助力去中心化进程，与互联网经济类似，它最终会形成一种新型的加密经济。

[①] Carlota Perez, *Technological Revolutions and Financial Capital*：*The Dynamics of Bubbles and Golden Ages*, Elgar Online, 2002.

2. 在一盘散沙中更容易实现去中心化，与之相反，使中心服务模式转型则相对困难。

3. 加密经济市场将会出现，这种市场将创造其特殊价值、形成特殊的经济体系，在这种市场中，参与者仅通过提供可能的交易机会便可获利。

4. 区块链将创建新的价值链，为加密经济的全球化提供可能，并提供加密领域与现实世界之间的交易机会。

5. 区块链技术将在经济体系内曼延，培育新的市场参与者，也会威胁到另一些参与者的存在，逼迫意欲生存的现存机构进行改革。

区块链科技并不是说说而已。它已经发生了。如果你应对及时，那么你已经有了一个好的开端。如果没有，那么也许你应该更加主动一些。无论你是领先者还是落后者，最终你都需要强化你的区块链战略。

应用区块链仍旧是一种崭新的能力。不确定性绝不能成为拖延那些必须要做的事情的借口。作为已经卷入其中的领先者，我们的职责就是分享我们的所得，从而为那些落后于我们的人照亮前进的道路。也许这会拖慢我们的步伐，但无疑这也会帮助那些跟随者，而他们会让市场变得更大、更容易开发，从而也回报了我们。区块链未来能否成功，关键取决于成千上万使用它的人们。

区块链不仅仅使得商业科技成为可能，它还是社会和政治变革的工具。如果我们错失了区块链的更高的使命，我们就无法实现它的全部潜力。

区块链的宝贵结果之一，就是新兴的加密经济，它是加总的区块链潜力应用的经济实现。加密经济是带有去中心化烙印的信用经济，无论从政治上还是结构上；它提供了平等的获取权限，降低了所有人的进入障碍。在我们准备登上加密经济这艘大船的时候，它肯定看上去既模糊又朦胧，充满风险和不确定性，同时也是尚未被证明的。然后，突然地，密码经济将会盛开，好处会远超其缺点。

尽管在本书里，我们已经尽可能详尽地探索了区块链，毫无疑问还有很多我们没来得及讨论的。还有更多依赖于你自己的发现。我相信，区块链更深的内涵和更深远的意义还没有被发现。同样，还有许多问题等待解答。区块链对世界经济的影响是什么？谁将是区块链里的亚马逊、谷歌和脸书？临界点在哪儿？监管者会保持耐心，还是会过早地宣布他们的意图？如果共识账簿是锤子，那我们能找到相应的钉子吗？

区块链的信息，是简单而又强有力的。让发明引领我们。区块链不是关于更好的互联网、更好的银行，或者更好的服务。区块链的生存，并不是取决于它的技术特性，而是取决于你如何使用它。它将会被逐渐采纳，从软件开发者和创业企业家开始，然后是技术性商务人员，紧随其后的是那些能够预见变化的组织和需要变革的社会，最后蔓延到那些起初抵抗变化的组织。

在这个过程中，会产生两极分化的希望。新兴企业天生比较乐观，而成熟企业一般都比较多疑。区块链驱动的商业模式告诉我们，一些现存的中介机构将面临风险。我们知道这一点。而新的以编程方式被信任的中介机构将会出现，以一种更加虚拟化、透明化的分布式实体的形式。

我希望这本书能够在某种程度上激发和引导你。如果你喜欢这本书，那么我邀请你在我的下一本书——《无中心》（Centerless）里，进一步重新对信用、财富和信息进行思考。新的去中心化时代即将来临。

区块链对我们没有施加任何约束。相反，它给了我们更高的自由，在它的基础上，我们可以推动我们的世界，朝任何方向前行。

区块链将是今后数年来最好的新工具。

威廉·穆贾雅的决策演讲，解释区块链和去中心化的冲击影响

作为一名职业咨询师和分析师，威廉总是从理解他面对的每一位听众的独特情况和需求着手。在理解听众的目标和特定情况下，他通常都能为他们提供中肯又富有洞察的观点和建议。

请联系 speaking@ vcapv. com，索取会议纪要或者同企业高级行政的私人会谈纪要。

《商业区块链》一书的网站

THEBUSINESSBLOCKCHAIN. COM

请注册该网站，以获得关于本书的更新、新研究以及活动。

Startup Management

STARUPMANAGEMENT. ORG

超过 2 000 篇关于创业企业成长、壮大和管理的文章。

威廉的博客

STARTUPMANAGEMENT. ORG/BLOG

追踪作者威廉的新想法，以及对区块链、去中心化和科技创业企业的研究。

OnBlockchains 超级聚合器

ONBLOCKCHAINS. ORG

聚合了关于区块链和加密货币的大量新闻。每天推送超过300篇内容，绝大部分集中于区块链。

Virtual Capital Ventures

VCAPV. COM

Virtual Capital Ventures 是一家位于多伦多的科技风险基金公司，它的主旨是投资于那些通过新的中介或者协议来激发行业的去中心化网络应用。

有人说写书就像经营爱，他们是对的。对我来说，写书就像在帆布上拼图，然后把它装帧起来。

书的写作类似于技能交换。作者在写作过程中花费了大量时间来组织和浓缩自己的想法。作为交换，读者也付出了宝贵的时间。作者和读者有时候还会建立联系。就我而言，我欢迎读者给我的电子邮箱 wmougayar@gmail. com 来信。

从我涉足区块链行业伊始，我的思想和看法的形成就受到了很多人的帮助，但是没有任何人比维塔利克·布特林——以太坊创始人和首席科学家——给我带来更大影响。我对他无私分享的时间和知识永远心存感激。

对那些工作在区块链这个技术变革前沿的建立者、发明者、先锋家、领导者、企业家、新兴企业、企业行政以及实业家，谢谢你们帮助我融会贯通。是你们为我照亮了前方，克服了早期的疑惑。我和你们的交流是无价的。感谢你们让我如此近距离地观察你们精彩的行动。

冒着可能会遗露某些未提到的个人的风险，我还要在这里特别感谢

Muneeb Ali，Ian Allison*、Juan Benet、Pascal Bouvier*、Chris Allen、Jerry Brito、Anthony Di-Iorio、Leda Glyptis、Brian Hoffman*、Andrew Keys、Juan Llanos、Joseph Lubin、Adam Ludwin、Joel Monegro、Chris Owen、Sam Patterson、Denis Nazarov、Rodolfo Novak、Michael Perklin、Robert Sams*、Washington Sanchez、Amber Scott、Ryan Selkis、Barry Silbert、Ryan Shea、Ageensen Sri、Nick Sullivan、Nick Szabo、Tim Swanson、Simon Taylor*、Wayne Vaughan、Jesse Walden、Albert Wenger、Jeffrey Wilcke、Fred Wilson 和 Gavin Wood。他们用不同的方式，帮助了我对比特币、加密货币、区块链和它们的（去中心化）应用的理解。有的是通过教我，有的通过给我展示，有的和我辩论，或者允许我进入他们的世界一窥究竟。

还要特别感谢威利出版社（Wiley）的执行编辑 Bill Falloon，他认为我们可以用超人的速度来完成这本书，还有 Frontispiece 的 Kevin Barrett Kane，他及时设计和制作了这本书。

最后，感谢帮助我于 2016 年 2 月成功在 Kickstarter 上发起众筹项目的各位朋友们，正是这个项目才使得本书的出版成为可能。离开你们，我就无法做到这一切，还有 Kickstarter 的 Margot Atwell 和 John Dimatos，以及：

独一无二、最慷慨的支持者：Brad Feld（Foundry Group）。

慷慨的支持者：Jim Orlando（OMERS Ventures）、Ryan Selkis（DCG）和 Matthew Spoke（Deloitte）。

最特别支持者：Kevin Magee、Piet Van Overbeke、Christian Gheorghe 和 Jon Bradford.

最给力支持者：David Cohen（Techstars）、Matthew Roszak（Bloq）、

＊ 标 ＊ 号的人帮我审核了终稿。

Mark Templeton、Duncan Logan（RocketSpace）和 Michael Dalesandro。

　　有力的支持者：Ahmed Alshaia、Floyd DCosta、Heino Døssing、Larry Erlich、Felix Frei、Jay Grieves、Emiel van der Hoek、Fergus Lemon、Amir Moulavi、Daniel A. Greenspun、Michael O'Loughlin、Narry Singh、Amar Varma、Donna Brewington White、Neil Warren、Albert Wenger。